EU MARCHAREI NA TUA LUTA!
A vida de Elizabeth Teixeira

Lourdes Maria Bandeira
Neide Miele
Rosa Maria Godoy Silveira
(orgs.)

EU MARCHAREI NA TUA LUTA!
A vida de Elizabeth Teixeira

3ª edição
Expressão Popular
São Paulo – 2025

Copyright © 2025, by Editora Expressão Popular Ltda.

Produção editorial: Miguel Yoshida
Preparação: Dulcineia Pavan
Revisão: Marcos Visnadi e Lia Urbini
Capa: Shiko
Projeto gráfico e diagramação: Zap Design
Impressão e acabamento: Paym

```
Dados Internacionais de Catalogação na Publicação (CIP)

E86    Eu marcharei na tua luta!: a vida de Elizabeth Teixeira / Lourdes Maria
       Bandeira, Neide Miele, Rosa, Maria Godoy Silveira (orgs.). – 3.ed. –
       São Paulo : Expressão Popular, 2025.
       216 p.

       ISBN 978-65-5891-166-1
       1.ed. da Editora Universitária UFPB, 1997.
       2.ed. da Editora Universitária UEPB, 2012.

       1. Teixeira, Elizabeth – Líder paraibana - Biografia. 2. Teixeira,
       Elizabeth – Vida política. 3. Teixeira, Elizabeth – Militante. I. Bandeira,
       Maria de Lourdes. II. Miele, Neide. III. Silveira, Rosa Maria Godoy.
       IV. Título.
                                                              CDU 32(092)
                                                              CDD 923.2
Bibliotecária: Eliane Maria da Silva Jovanovich - CRB 9/1250
```

1ª edição: João Pessoa: Editora Universitária UFPB/Manufatura: 1997
2ª edição: Campina Grande: EDUEPB, 2012
3ª edição: São Paulo: Expressão Popular, janeiro de 2025

EDITORA EXPRESSÃO POPULAR
Alameda Nothmann, 806, Campos Elíseos
CEP 01216-001 – São Paulo – SP
atendimento@expressaopopular.com.br
www.expressaopopular.com.br
 ed.expressaopopular
 editoraexpressaopopular

SUMÁRIO

Nota editorial 9
Prefácio à edição comemorativa
do centenário de Elizabeth Teixeira 11
Rosa Maria Godoy Silveira
Apresentação à edição de 2012 19
Marlene Alves Sousa Luna
Uma obra fundamental 19
Jader Nunes de Oliveira
Penha, onde quer que você esteja 23
Neide Miele
Prefácio à edição de 1997 27
Rosa Maria Godoy Silveira

Primeiros passos de uma longa jornada 33
Na matemática, eu não perdia não! 41
Ele me olhava assim, diferente 45
A tristeza de meu pai 49
Eu só tinha ele por mim 51
Eu estava com uma saudade tão grande de casa 55
Ele não voltou para casa nunca mais 59
Fomos embora para Recife 63
Nós voltamos para Sapé 71
A fundação da Liga Camponesa 75
Todo domingo eu me perguntava... 79
Eu nunca lhe dei a resposta 83

A primeira diretoria da Liga.. 87
O camponês era enterrado "de acero"................................... 91
Eu marcharei na tua luta... 95
A emboscada estava preparada... 101
A morte rondava minha casa... 105
Vingança, não!... 109
Se tinha que ir, eu ia... 113
Minha candidatura foi lançada.. 119
Seja digno, sargento!... 121
O número de associados dobrou... 125
O uso do chocalho.. 129
Assim eu fui para Galileia.. 133
Se quiserem me matar, que me matem aqui!....................... 137
Decidi que eu ia viver... 141
Eu assinava Marta Maria da Costa.. 145
Eu só pensava nos meus filhos.. 149
No Lyceu, à procura de um rapaz.. 153
Em cada reencontro, voltava tudo na minha cabeça........... 157
Eu senti uma dor me ferindo por dentro............................. 165
Em Cuba, estudando medicina.. 169
Mas decidi ficar no Brasil... 171
Meu deus! Isso é uma loucura!.. 177
O churrasco foi servido em cima da nossa mesa................. 183
Meus filhos foram muito humilhados................................... 185
Queima! A ordem que eu trouxe foi para queimar!............ 189
Um peso para o resto da vida.. 193
Eu não me arrependo de nada... 197
A luta tem que continuar... 201
Nunca houve vitória sem luta.. 203

Posfácio.. 209
Lourdes Maria Bandeira

*Este livro é dedicado a
Maria da Penha do Nascimento
e Elisabeth Souza Lobo
(in memoriam)*

NOTA EDITORIAL

Às vésperas de comemorar 40 anos, em fevereiro de 2021, o Andes-SN (Sindicato Nacional dos Docentes das Instituições de Ensino Superior) estabeleceu uma parceria com a Editora Expressão Popular para fortalecer a perspectiva da produção clássica e crítica do pensamento social. O balanço desta experiência proporcionou, em 2024, no bojo do 42º Congresso do Andes-SN, a aprovação de resolução para publicar novas tiragens de livros que marcam a indispensável tarefa de interpretar e transformar a realidade social brasileira e mundial, na qual o movimento sindical docente se inscreve de forma ativa e vigorosa.

É importante lembrar que o movimento docente das instituições de Ensino Superior no Brasil teve início em um ambiente hostil para a liberdade de expressão e associação do(a)s trabalhadore(a)s, pois vivia-se o enfrentamento à ditadura empresarial-militar (1964-1985). Foi nesse período que a Associação Nacional dos Docentes de Ensino Superior, a Andes, nasceu. Um processo de criação calcado em uma firme organização na base, a partir das Associações Docentes (AD), que surgiram em várias universidades brasileiras a partir de 1976. Após a Constituição Federal de 1988, com a conquista do direito à organização sindical do funcionalismo público, a Andes é transformada em o Andes-SN, sindicato nacional.

Sua história é marcada pela luta em defesa da educação e dos direitos da classe trabalhadora, contra os autoritarismos e os diversos e diferentes ataques à educação e à ciência e tecnologia públicas. Também é marca indelével a defesa da carreira dos/as professores/as e de condições de trabalho dignas para garantir o tripé ensino-pesquisa-extensão.

A luta da Andes e, posteriormente do Andes-SN, foi marcada por uma leitura materialista e dialética da realidade. As análises de conjuntura que guiaram as ações tanto da associação quanto do sindicato sempre assumiram como base os grandes clássicos da crítica à Economia Política. Valorizá-los neste momento não é olhar o passado, ao contrário, significa fortalecer as bases que nos permitem fazer prospecções sobre a conjuntura e preparar-nos para a ação vindoura.

Em tempos de obscurantismo e de ascensão da extrema-direita, de perseguição à educação pública e aos/às educadores/as, de mercantilização da educação e da ciência e tecnologia, de desvalorização do pensamento crítico, de tentativa de homogeneização da ciência e de criminalização dos que lutam, ousamos resistir e lutar, nas ruas e na disputa de corações e mentes. Neste sentido, a reafirmação da parceria entre o Andes-SN e a Editora Expressão Popular fortalece nossa perspectiva crítica e potencializa nossas lutas.

Reafirmar a defesa intransigente da educação pública, gratuita, laica, de qualidade, socialmente referenciada, antipatriarcal, antirracista, anticapacitista, antimachista, antilgbtfóbica é uma das tarefas centrais do atual tempo histórico. A melhor forma de reafirmar nosso compromisso do que lançar luz às questões centrais do capitalismo dependente, dar visibilidade à luta de classes e à necessária construção de um projeto de educação emancipatório.

Diretoria Nacional do ANDES-SN (Gestão 2023-2025)

PREFÁCIO À EDIÇÃO COMEMORATIVA DO CENTENÁRIO DE ELIZABETH TEIXEIRA

Rosa Maria Godoy Silveira[*]

Usualmente, quando se convida uma pessoa para prefaciar uma obra, pensa-se que o/a prefaciador/a vai dignificar a obra e seu/sua autor/a. No presente prefácio, é o contrário, a prefaciada dignifica a prefaciadora.

Prefaciar um livro sobre Elizabeth Teixeira, assim como foi na primeira edição de 1997, está entre os cinco eventos mais importantes da minha trajetória profissional. E prefaciar uma edição aos 100 anos de vida de Elizabeth potencializa a minha honra e o meu (bom) orgulho de fazê-lo.

Quando se reflete sobre a vida de uma pessoa que atingiu 100 anos, assim como tive oportunidade de revolver os caminhos de muitos idosos centenários de minha família, estamos palmilhando um vasto percurso de eventos, ações, decisões, emoções, lutas, infortúnios, conquistas, que o envolveram e construíram. Destinos? Acasos? Possibilidades? Escolhas? Tudo isto, entrelaçado na trama de uma só pessoa.

De onde esta frágil mulher Elizabeth tirou tanta energia para enfrentar situações bastante difíceis e elaborar suas decisões? Destacam-se, entre elas, a escolha de João Pedro Teixeira

---

[*] Professora Aposentada do Departamento de História da Universidade Federal da Paraíba.

como companheiro, o enfrentamento com o pai, a fuga para o Recife, as ásperas condições de sobrevivência e a espiral de violência implantada com a ditadura militar, culminando com o assassinato do companheiro.

De onde vem a força para assumir a liderança das Ligas de Sapé, a prisão, a separação dos filhos, a nova fuga? Força do desespero? Força da fé na vida, convicção de que precisava sobreviver?

E a força e a energia para suportar a clandestinidade, a duríssima clandestinidade de 15 anos? Tão perto da sua Paraíba e, ao mesmo tempo, pelas circunstâncias, tão longe! Muitas vezes me perguntei como Elizabeth suportou tanto, no seu silêncio. Como foi vestir-se de outra pele identitária, como Marta Maria Costa? Marta, como a irmã de Lázaro, terá sido essa a escolha de Elizabeth? O que será que se passava na sua cabeça, no cruzamento entre sua vida passada e sua vida presente, no exílio? Com certeza, foi muita vontade de viver, muita fé.

Mesmo após o desterro sofrido, aquilo que pareceria, aos olhos de uma visão simplista, apenas a alegria do retorno, foi outro desafio angustiante. Como retornar "aos seus lugares" de antes, que já não eram os mesmos, depois de tantos anos? Como retomar as suas relações sociais? Como, principalmente, reencontrar os filhos, recompor a família? Não foi fácil. Prova de que o passado de Elizabeth lhe deixara muitas marcas, que muitas feridas ainda estavam abertas, foi nova tragédia familiar que se abateu sobre ela. Mais acontecimentos do que a imaginação da historiadora, por mais que tenha aprendido de ofício, possa dar conta.

O que segurava Elizabeth viva, apesar da dor? Da incomensurável dor.

Fico pensando algumas possibilidades de entendimento desta trajetória singular. São muitas, que foram se entretecendo nesta centenária vivência de Elizabeth:
- desde cedo, a aguda percepção social que Elizabeth sempre teve, com a vontade de saber, conhecer, estudar, começando a olhar o mundo desde o armazém de seu pai, ainda em restritos horizontes;
- a reviravolta que começa a acontecer quando conhece João Pedro Teixeira, quando a afetividade desencadeia uma forte ruptura pessoal e lhe abre horizontes mais largos;
- nos e pelos vínculos com João Pedro Teixeira, a vivência com o que seria o encontro com a sua "causa", a "causa" de sua vida, o universo camponês e dos trabalhadores rurais, que lhe vai dando os fios para a construção de sua identidade para além da pessoa Elizabeth, individualmente. O encontro com o coletivo;
- a experiência vivida no Recife, que fervia nos movimentos sociais dos anos 1950, 1960, e que ampliou o seu universo para a esfera da política, conectando a política específica camponesa com a compreensão das relações de poder mais amplas, atreladas ao poder do latifúndio mais imediato;
- o assassinato de João Pedro Teixeira, em 1962, que, fora de dúvidas, ceifou-lhe os sonhos e lhe deixou o duro desafio de filhos a criar, repressão e busca de saídas para garantir a sobrevivência;
- o novo impacto com a perda de sua filha mais velha, Marluce, que, não suportando os acontecimentos que abalavam sua família, tirou a própria vida;

- as sinuosidades da fuga, do exílio, do retorno, quando a alegria do reencontro com os filhos é toldada por mais tragédias familiares.

Quando Elizabeth regressa, ela sabe que adentrara uma seara para continuar um caminho sem volta muito maior do que apenas um retorno geográfico e familiar

Muito antes, já na morte de João Pedro Teixeira, Elizabeth foi forjando uma compreensão de que, se o companheiro fora o *Cabra marcado para morrer*, ela ia sendo a *Mulher marcada para viver*. Para continuar a luta pela Reforma Agrária.

Pelas circunstâncias, foi preciso o longo tempo de retirada. Sabe-se lá que tempo de reflexão em meio às urgências do cotidiano em São Rafael/RN, em que Elizabeth encontrou dois esteios de fortalecimento – a ajuda comunitária e um caminho possível de atuação, que iniciara com João Pedro em relação aos seus filhos e agora socializava para aquelas crianças da comunidade: a alfabetização.

Então, ela retoma o caminho acidentado. Erige como missão a preservação da memória de João Pedro e das Ligas e lutas camponesas, o que lhe custaria mais uma ceifa causada pela violência do latifúndio: diante dela, o assassinato de seu filho José Eudes, que empunhara a causa do pai. Por uma cruel armadilha da vida, tombado pelas mãos do próprio irmão, ironicamente chamado João Pedro.

Mais uma vez, Elizabeth metabolizava a dor em energia de vida. E aí a encontramos, nas lutas populares, os seus discursos, pronunciamentos, falas, entrevistas, constantes, expressando sua percepção cristalina de que a melhoria das condições de vida dos camponeses e dos trabalhadores rurais só se faria por meio das lutas, dos embates contra os opressores.

Foi-se convertendo em um símbolo de resistência, inspirando muitas outras mulheres, como Margarida Maria Alves, Penha Nascimento, o Movimento das Mulheres do Brejo. Figuras, muitas, muitas que se tornaram líderes sindicais. Foi se tornando uma heroína popular e adquiriu reconhecimento nacional e internacional.

O que é um herói ou uma heroína?

O dramaturgo alemão Bertolt Brecht, certa vez, pronunciou: "Infeliz do povo que precisa de heróis". Quis dizer que, se um povo se organizasse coletivamente, não precisaria de uma figura mítica. A figura do herói era muito associada à mitologia grega. Era uma pessoa real ou fictícia que, em uma situação de perigo, realizava o enfrentamento com engenhosidade, coragem e força.

Elizabeth é heroína real, de carne e osso. Como os heróis gregos, viveu suas paixões, amorosas, maternas, políticas, de fraternidade e de sororidade.

Mas aqui deve se ressaltar aquilo que, por vezes, a mitologia deixa submersa nas qualidades pessoais do herói e, no entanto, as enfeixa – a sua liderança. Elizabeth foi isto, ao ter assumido a continuidade da luta à frente das Ligas Camponesas. O perigo era a repressão da ditadura militar, que ameaçava desmantelar o movimento camponês, como de fato aconteceu pela violência, assassinatos, perseguições, desaparecimento de pessoas cujos corpos nunca foram encontrados, mas que as memórias, as denúncias, a reorganização dos movimentos agrários nunca permitiram que fossem esquecidos e apagados, como pretenderam e pretendem os repressores, os autoritários, os fascistas. No Livro de Aço do Panteão da Pátria, na Praça dos Três Poderes, em Brasília, está inscrito o nome de João Pedro Teixeira, ao lado de muitos outros heróis que lutaram em defesa da pátria e da construção do Brasil. Elizabeth era de aço, ou talvez melhor dizendo, um diamante. Compacto, denso, cristalizado, brilhante, impermeável à água e à temperatura ambiente, um diamante que simboliza a beleza, a raridade, a pureza e a imortalidade. Nesse sentido, é atemporal, paira sobre o tempo. Elizabeth atravessou e pairou sobre vários tempos. Em contrapartida, o diamante se cristaliza nas profundezas da Terra. Elizabeth se cristalizou em sua personalidade nas profundezas e complexidades da terra, que envolve universo de saberes, relações com a Natureza, relações de poder, esse universo imenso da Questão Agrária.

Foi assim que ela realizou a sua travessia existencial. E, ao mesmo tempo, uma figura doce e sensível, humaníssima que foi e é, pois só quem tem senso de humanidade, de compartilhamento das dores com os que sofrem, com os que são explorados, com os que são oprimidos, é humano. O riquíssimo conde Tolstoi, o grande romancista russo, anarquista pacifista, que abandonou suas riquezas e se dedicou a criar escolas e a educar crianças pobres, uma vez foi indagado em relação ao motivo de ter tomado tal decisão. E respondeu a quem lhe questionara: "Se você sente dor, você está vivo. Se você sente a dor das outras pessoas, você é um ser humano".

Não é difícil compreender isso nos tempos sombrios que estamos vivendo, no país e no mundo, em que assistimos a reprodução de elites monstruosas, que, mais uma vez, para conservarem seus privilégios, continuam massacrando os trabalhadores, os humildes, os despossuídos. E, agora, com o agravante maior, muito mais amplo, como nunca dentre todas as destruições genocidas, racistas, misóginas que já praticaram ao longo da História. Agora, a perspectiva presente e futura de não haver nem presente menos ainda futuro pela destruição da humanidade.

Elizabeth, mesmo com toda a fama, que lhe teria proporcionado benesses que ela recusou, mora na mesma casa simples do bairro de Cruz das Armas, em João Pessoa, Paraíba. A mesma casa onde a minha saudosa e grande amiga Lourdes Maria Bandeira e eu fomos semanalmente, muitas noites, para gravarmos os depoimentos que deram origem ao livro *Eu marcharei na sua luta,* de 1997. Somamos tais gravações àquelas que a professora Neide Miele já realizara antes com Elizabeth e colocou a disposição para a obra.

Neide, a quem mais uma vez agradeço em meu nome e no de Lourdes, esta grande lutadora que hoje reside na amplidão do infinito.

Cem anos! Que vida bem vivida. Que vida de uma pessoa que veio ao mundo e disse a que veio.

Somos nós abençoados pela longevidade de Elizabeth, todos que com ela conviveram e convivem, porque, talvez egoisticamente de nossa parte, pudemos usufruir dos seus ensinamentos. Elizabeth queria estudar, tinha perspectiva de mundo, mas foi interditada pelo machismo do seu mundo de nascença. Mas ela conseguiu, aprendeu com João Pedro Teixeira, que também tinha a perspectiva de que seus filhos estudassem. Aprendeu com cada pedaço das suas vivências. E se tornou uma professora, uma mestra (e por que não doutora?) da vida.

Louvemos sua longevidade. O seu centenário. Louvemos Elizabeth Teixeira.

Saudamos o grande dia
Que tu hoje comemoras
Seja a casa onde moras
A morada da alegria
O refúgio da ventura
Feliz aniversário!
(Letra de Manuel Bandeira e musica de Heitor Villa-Lobos)

E, dando uma mãozinha atualizadora aos dois grandes compositores: Feliz centenário!

Há depoimentos que contam que esta música era cantada com a mão no peito porque, no contexto nacionalista dos anos de 1940, era considerada uma festa cívica.

Avante, pois, mãos no peito e cantemos. Em tudo e por tudo, o aniversário centenário de Elizabeth Teixeira é uma enorme festa cívica. Do Povo.

Jundiaí, São Paulo, janeiro de 2025.

APRESENTAÇÃO
À EDIÇÃO DE 2012[*]

MARLENE ALVES SOUSA LUNA

Em profundo respeito à luta popular, a Universidade Estadual da Paraíba (UEPB) participa das celebrações em homenagem ao líder das Ligas Camponesas, na Paraíba, João Pedro Teixeira. As Ligas lutavam por reforma agrária, ainda hoje, uma necessidade urgente do Brasil para o seu desenvolvimento e para a emancipação popular.

Em meados do século passado, os camponeses brasileiros, especialmente os nordestinos, aglutinaram-se em torno das Ligas Camponesas para exigir a reforma agrária. A resposta do latifúndio e das elites conservadoras a esta manifestação dos trabalhadores rurais que junto aos estudantes e trabalhadores das cidades exigiam outras reformas, que levassem o país a conquistar mais justiça social foi uma intensa reação que culminou com um golpe de Estado e a implantação da ditadura no Brasil.

Mesmo antes da instauração da ditadura, muitos trabalhadores foram assassinados. As lideranças populares foram ceifadas, entre elas João Pedro Teixeira, que, ao lado de Negro Fuba, Pedro Fazendeiro e outros, foram líderes dos camponeses paraibanos a partir da Liga Camponesa de Sapé.

---

[*] Ex-reitora da Universidade Estadual da Paraíba.

No momento do cinquentenário desses assassinatos, a UEPB mais uma vez, em respeito à história do Brasil e à história da luta dos oprimidos por libertação, oferece a reedição do livro *Eu marcharei na tua luta,* que conta às novas gerações a história de Elizabeth e João Pedro Teixeira à frente das lutas da Liga de Sapé.

Sintonizada com o movimento camponês por reforma agrária, a UEPB no início da minha gestão outorgou pela primeira vez a sua honraria máxima, a Medalha do Mérito Universitário, à emblemática líder camponesa Elizabeth Altino Teixeira.

Em 12 de agosto de 2011, aniversário do assassinato da líder camponesa Margarida Maria Alves, esta medalha volta a ser referendada pelos conselhos superiores da. universidade e reafirmada em entrega solene homenageando as Ligas Camponesas e reverenciando Margarida.

A nova publicação do livro, em 2012, junta-se a esta trajetória de adesão ao movimento camponês como demonstram as parcerias culturais que mantivemos com um dos herdeiros das Ligas Camponesas (o Movimento dos Trabalhadores Rurais Sem Terra – MST).

UMA OBRA FUNDAMENTAL

JADER NUNES DE OLIVEIRA[*]

Uma publicação internacional sobre as grandes heroínas que ajudaram a construir a aventura humana na Terra, ficaria incompleta – e injusta – sem um capítulo dedicado a Elizabeth Teixeira. Exagero nenhum. A leitura desta obra comprova. A percepção da grandeza de uma vida dedicada à causa do povo mais sofrido, que ela própria encarna como ninguém, quer no plano pessoal, quer no político, reforça. As emoções que fluem do relato de um exemplo, da exposição mais genuína de uma referência, cristalizam.

Quando os olhos batem no ponto final, não há como fugir da mistura de sentimentos tão contraditórios que se apossam do leitor. Orgulho por ser contemporâneo da guerreira Elizabeth. Revolta por sabê-la enfrentando, ainda, as dificuldades mais prosaicas de vida. Sensação de falta, com ela e tudo o que representa, em razão do pouco ou coisa alguma que fizemos ou fazemos por um mundo menos injusto. É certo que se este mundo melhorou um pouquinho, nos últimos 35 anos, isso se deve muito a Elizabeth Teixeira.

---

[*] Ex-reitor da Universidade Federal da Paraíba. Trata-se de um paratexto à edição de 1997.

É o que mostra este livro. Resulta da natural aliança entre o compromisso social, competência acadêmica e talento. Marcas do trabalho das professoras Lourdes Bandeira, Neide Miele e Rosa Godoy. Não bastasse isso, traz um diferencial único, que o torna ainda mais interessante do ponto de vista do leitor e lhe dá extraordinária relevância como registro histórico. É uma obra fundamental, tão substantiva quanto sua personagem. E a diferença é que só este livro contém Elizabeth Teixeira por Elizabeth Teixeira

Outubro de 1997

PENHA,[*] ONDE QUER QUE VOCÊ ESTEJA...

NEIDE MIELE[**]

A produção deste livro teve um caminho íngreme e tortuoso, assim como a vida de sua protagonista.

No dia 8 de março de 1985, num encontro comemorativo do Dia Internacional da Mulher, realizado pelo Movimento de Mulheres Trabalhadoras do Brejo, em Guarabira, a presença marcante de Elizabeth emocionou a todos. Sua fala, sua força, sua coragem, sua decisão de não abandonar jamais a luta estavam como que a exigir o registro de sua história, para que esta não se perdesse no vazio do esquecimento.

A ideia de escrever a história de sua vida se impôs com a necessidade e esta tarefa foi assumida naquele evento pelos seus organizadores, com o auxílio financeiro da Oxfam.[***]

Incumbi-me de recolher os depoimentos de Elizabeth, gravados durante longas sessões que se estenderam por três ou quatro meses. O passo seguinte seria a ordenação do material, acrescido de uma outra bateria de entrevistas realizada por

---

[*] Maria da Penha do Nascimento, sindicalista, falecida em 15 de março de 1991 em trágico acidente de carro, companheira de luta de Margarida Maria Alves, assassinada pelas mãos do latifúndio em 1983, ambas do Sindicato dos Trabalhadores Rurais de Alagoa Grande, no Estado da Paraíba.
[**] Professora aposentada da Universidade Federal da Paraíba (UFPB)
[***] ONG de origem britânica, representada por seu escritório em Recife, que coopera com projetos populares no Brasil.

Leonilde Sérvolo de Medeiros. No entanto, as voltas imprevistas do destino encarregaram-se de impedir a elaboração deste livro naquele momento.

Em 1990, Maria da Penha do Nascimento, a nossa saudosa Penha, reacendeu a ideia da publicação do livro de Elizabeth. Sabendo do interesse de Lourdes Maria Bandeira e de Rosa Maria Godoy Silveira em produzir um texto que resgatasse a experiência de Elizabeth, enquanto mulher, esposa e mãe, Penha encarregou-se de articular uma reunião onde compareceram Lourdes, Rosa, ela própria e eu, Neide Miele. Penha estava decidida: "Não podemos mais adiar a publicação deste livro!".

Ficou então decidido que se faria uma nova bateria de entrevistas a fim de atualizar a história de Elizabeth, nos últimos cinco anos, e, sobretudo, dar visibilidade ao seu lado feminino e materno, complementando assim o perfil de militante, privilegiado nos depoimentos anteriores. Penha, Lourdes e Rosa recolheram esta nova bateria de entrevistas em longas sessões gravadas na casa de Elizabeth.

O destino, porém, manhoso e perverso, mais uma vez colocou barreiras imensas para a execução deste projeto.

Naquele fatídico 15 de março de 1991, Penha e Bete Lobo despediram-se da vida, tendo ambas passado boa parte da noite anterior em companhia de Lourdes Bandeira, todas na casa de Elizabeth, realizando mais uma entrevista gravada. A tragédia fez com que todo material deste livro ficasse mais dois anos à espera.

Em 1993, Lourdes, Rosa e eu decidimos que seria a nossa vez de driblar o destino e finalizar este livro, acontecesse o que acontecesse...

Uma nova divisão de tarefas se impôs. Eu fiquei encarregada de organizar o texto final, a partir da compilação das diferentes baterias de entrevistas, e Rosa e Lourdes encarregaram-se do prefácio e posfácio, respectivamente.

Infelizmente, por razões que escapam à nossa compreensão, este trabalho ficou à espera de sua publicação, mesmo estando pronto. Finalmente, em 1997, ele pôde cumprir seu destino, chegando às mãos dos leitores.

Na organização do texto final, preservei rigorosamente o discurso de Elizabeth Teixeira e respeitei a lógica do aparecimento de suas lembranças. Os cortes realizados foram apenas no sentido de evitar as repetições, comuns ao discurso oral. Durante essa fase de organização do texto final, novas entrevistas com Elizabeth se fizeram necessárias, a fim de preencher algumas lacunas entre um acontecimento e outro. Encarreguei-me de recolher esses últimos depoimentos e entre uma entrevista e outra, à medida que o texto ia sendo escrito, ele era levado para que Elizabeth o lesse e eventualmente corrigisse alguma imprecisão. Esta tarefa foi bastante penosa para ela, pois, a cada página, o choro incontido revelava que as feridas não estavam ainda cicatrizadas... e talvez nunca estejam.

Este livro é dela, portanto e, assim, abdicamos de todos os direitos autorais em favor de sua legítima autora.

PREFÁCIO À EDIÇÃO DE 1997

Rosa Maria Godoy Silveira

Elizabeth Teixeira e a luta agrária: das Ligas Camponesas ao MST, agente da memória e da história

Elizabeth Teixeira nasceu em uma pequena cidade do interior da Paraíba, Sapé. Na origem, ou desde a origem, as marcas das contradições: o avô, pequeno proprietário; a avó, de veio familiar latifundiário. Elizabeth, mulher, filha de um pai que esperava um filho homem. Desde cedo, também, [personalizou] o enfrentamento do machismo: foi a filha que "não precisava estudar", teve o namoro proibido.

O amor instaurou a primeira ruptura, com o padrão familiar vigente, com as diferenças de condição social e também racial. Com essa opção, transpunha-se uma fronteira que faria Elizabeth ingressar num caminho difícil, tortuoso, insuspeitado. O encontro com João Pedro Teixeira era o encontro com um homem respeitoso, com um companheiro que compartilhava a dura vida de pobreza. E de luta, sobretudo de luta.

A essa época, na década de 1910, a secular crise agrária nordestina ganhava mais visibilidade, em contraste com o desenvolvimento urbano-industrial da região Sudeste do país. O governo Vargas, que mantivera intocada a estrutura fundiária regional e a centralização do Estado, instrumentalizando o modelo nacional-desenvolvimentista, desencadeara, na Paraíba, uma modernização conservadora do campo, acentuando a concentração de terras e agravando a situação dos trabalhadores rurais. Particularmente na área canavieira, as usinas iam comendo as terras até de proprietários sem maiores posses, convertendo-os em arrendatários submetidos ao grupo usineiro que, controlando os postos políticos municipais, ia fechando um estreito círculo de poder marcado pela violência contra os moradores das terras.

O êxodo rural era uma das saídas desse quadro de miséria e turbulência. Muitos trabalhadores, há várias décadas, engrossavam as levas de imigrantes para o Sudeste, onde esperavam mudar de vida, como operários das indústrias ou empregados da construção civil.

João Pedro e Elizabeth permaneceram na região, mas o envolvimento com a política foi uma saída decisiva para as limitações que viviam anteriormente. O movimento operário do Recife era bastante significativo, sob influência do Partido Comunista, mesmo depois deste entrar na clandestinidade. O sindicalismo se expandia, mas a organização do patronato também, contra as lideranças sindicais.

No campo, os trabalhadores começavam a organizar-se nas Ligas Camponesas, a partir de experiências implantadas em Goiás, Minas Gerais e, agora, em Pernambuco. A continuidade do processo modernizador aumentava o grau de exploração exercido pelos proprietários, por meio do foro e do cambão. O exemplo das Ligas propagava-se na Paraíba: Maraú, Mari, Mirir, Pilar, Itabaiana, Guarabira, Sapé.

Se o retorno de João Pedro e Elizabeth à sua terra, com o apoio do pai dela, encerrasse alguma expectativa de enquadrar João Pedro, apesar de "pobre e negro", o ocorrido foi o inverso.

O próprio governo manifestava preocupação com a explosiva situação no campo nordestino. Advertido pela Igreja, que organizara os Congressos de Salvação do Nordeste, em Natal e em Campina Grande, o Estado, sob a presidência de Juscelino Kubitschek, organizara o Grupo de Trabalho para o Desenvolvimento do Nordeste (GTDN), que culminaria na criação da Sudene para coordenar uma política de desenvolvimento para a região. Todavia, e mais uma vez, a pressão política dos latifundiários obstaculizava qualquer avanço no sentido de mudar a estrutura fundiária. Reivindicação dessa natureza era tida e propagada como "coisa de comunista", em uma conjuntura em que a Revolução Cubana recém-concretizava na América Latina um modelo de transformação social contra as classes proprietárias. O movimento das Ligas estava crescendo e se articulando com outros movimentos populares das cidades, estabelecendo uma ponte com trabalhadores de variados segmentos, entre os quais setores médios urbanos intelectualizados. Aos olhos das classes proprietárias, era uma junção "perigosa" de forças contrárias à dominação e às estruturas vigentes de poder econômico e político.

A ascensão de João Goulart à presidência da República acirrou o clima de confronto. Em uma conjuntura já polarizada pelos conflitos, o reformismo do governo – que hoje a distância histórica nos permite perceber como uma espécie de "versão humanizada" do modelo capitalista – era visto, no calor exacerbado da hora, quase como a chegada do comunismo.

Nesse quadro e por conta dele, ocorre o assassinato de João Pedro Teixeira, então presidente da Liga Camponesa de Sapé, àquela altura, famoso e incômodo por sua liderança política sobre milhares de camponeses.

Até então, Elisabeth era uma mulher mais à sombra do marido, mas que permanecia ao seu lado, o lado mais difícil, por laços muito fortes, sabe-se por que estranhos desígnios. A tragédia inscrita na sua história, a fogo e sangue, tem uma face invisível e imensurável de dor que deve ter sido caminhar contra a própria família de origem, contra outros laços também fortes, as marcas de nascença social.

A relação, ainda ambígua, de Elizabeth com a política se torna definitiva com a morte de João Pedro: "A minha consciência de luta, a minha dedicação pela luta foi um protesto ao assassinato de João Pedro". Uma frase que puxa as orelhas e adverte a muitos intelectuais sobre a própria miopia ao reduzirem a consciência política a uma racionalidade abstrata, isenta das emoções que se inscrevem e escrevem a História.

Esta história de João Pedro também denuncia, como tantas outras, a insignificância da vida humana para os dominantes. Essa insignificância é sinal do medo da perda do poder, o medo do povo, típico de nossas elites, incapazes de dialogar com os trabalhadores.

Na sua imensurável dor como esposa e mãe, Elisabeth incorporou a dor dos excluídos. E a luta continuou. Mais forte, mais solidária. De dona de casa, as circunstâncias haviam-na transfigurado, também, em uma figura pública, como presidente da Liga de Sapé, em um simbolismo cristalino da transcendência da luta sobre a morte e o medo. Sobre a imagem de fragilidade e as atribuições de passividade tecidas acerca das mulheres. Do momento do companheiro morto em diante, com a solidariedade de 5 mil camponeses que acompanharam o féretro, Elisabeth projetou-se em âmbito nacional, no Rio de Janeiro, Brasília, e internacional, visitando Cuba.

Mas os inimigos das Ligas não desistiam. Em manobra para garantir imunidade parlamentar a um dos acusados de mandante do assassinato de João Pedro, vários suplentes da UDN, que estavam à sua frente para assumir a deputação estadual, licenciaram-se para dar vez ao fazendeiro Agnaldo Veloso Borges. Ainda no mesmo mês da morte do líder João Pedro, fundou-se a Associação dos Proprietários Rurais da Paraíba, no intuito explícito de lutar contra as reformas "comunistas". Os latifundiários continuaram a expulsar moradores, a usar seus capangas para amedrontá-los, surrá-los e matá-los. A Igreja não só não dizia nada contra essa violência, como também combatia o movimento e o dividia, mediante o incentivo a um sindicalismo católico.

Do lado das forças populares, respondia-se com demonstrações de força política em comícios, passeatas, comemorações do 1º de maio, em que participavam camponeses de várias partes do estado, além de lideranças políticas e dos trabalhadores de muitos outros estados.

Depois, veio o que se sabe, o golpe de 1964: prisões, torturas, desaparecimentos de presos políticos, mortes. Para Elisabeth, a prisão, a dispersão dos filhos, a fuga, a clandestinidade, a mudança de identidade intrínseca de camponesa e lutadora, culminando com o surpreendente reencontro com os filhos.

Além disso, a reedição da tragédia, carregada de uma dura ironia preparada pela vida: o filho que herdara o nome do pai é o mesmo que assassina o filho que lhe herdara a luta, mesmo quando haviam mudado seu nome (de Lenine para José Eudes) para ocultar quaisquer vestígios do "malfadado" espectro comunista e da memória sobre João Pedro. Imperava a loucura e o desatino, provocado por um ódio alimentado durante anos.

Elisabeth é quem diz: "às vezes, eu penso, se o tiro que matou Zé Eudes tivesse sido para mim, eu não tinha que viver essa dor, eu não ia precisar contar essa história pra ninguém". Precisava, Elisabeth, ficar viva, sim! A vida, tão cheia de inexplicáveis redemoinhos, parece ter querido isso, que você contasse essa tragédia paraibana, camponesa, de mulher, para que a memória da luta não fosse apagada nem pela história oficial nem por intelectuais que, descomprometidos, consideraram, nos dias de hoje, não serem importantes os movimentos sociais, as lutas dos trabalhadores e das mulheres, seduzidos que estão nas academias pelos temas da moda, quantos deles anódinos!

Passados 35 anos da morte de João Pedro, a Questão Agrária continua, hoje, não resolvida no país. Continuam as expulsões dos camponeses de suas terras, permanecem as arbitrariedades no campo, o latifúndio persiste no mando e na dominação, travestido, por vezes, de aparentes faces "progressistas" e "modernas". Mas a luta dos trabalhadores rurais insiste por melhores condições de vida e de trabalho, por dignidade. Aí está o Movimento dos Sem Terra, a versão das Ligas Camponesas de ontem. E Elizabeth, incansavelmente, emprestando seu apoio, com a força simbólica do seu nome em manifestações e pronunciamentos, testamenteira de João Pedro.

A memória é uma poderosa arma no enfrentamento político. Elisabeth Teixeira registrar seu depoimento é tirar as Ligas de um passado que as quiseram mortas, e torná-las vivas, alimentando a luta dos trabalhadores rurais de agora, a mostrar que a história é sempre produto de seu tempo e, por isso, também, uma arma perigosa contra todos aqueles que temem a força das massas trabalhadoras.

PRIMEIROS PASSOS DE UMA LONGA JORNADA

Eu nasci no dia 13 de fevereiro de 1925, na cidade de Sapé. Sou filha de Manoel Justino da Costa e de Altina Maria da Costa. Meu avô, por parte de pai, era um pequeno proprietário, e minha avó, que era de origem latifundiária, exercia a profissão de professora. Meu pai nasceu em Pilar, em 1894, e minha mãe nasceu em Sapé, em 1901. Eles se casaram em 1923 e tiveram nove filhos: Elizabeth Altina, Euclides Justino, Ana Altina, Severina Altina, Eudes Justino, Maria Dolores, Beatriz Altina, Ester Altina e José Justino.

Eu fui a filha mais velha. O desejo de meu pai era que eu nascesse homem, se eu fosse homem, ele tinha ficado satisfeito; sendo eu mulher, minha mãe conta que ele foi se adaptando. O segundo filho foi homem e para ele foi toda a alegria da vida. Como ele ficou satisfeito com esse filho homem! Quando nascia um filho homem, ele usava foguetões. Quando diziam "É homem!", poucos minutos depois, ouviam-se os tiros dos fogos. Mas se diziam que era mulher, não havia fogos, não havia nada. Meu pai gostava mais do meu irmão do que de mim. Sempre que ele chegava para meu pai e dizia: "Papai, eu queria que o senhor me desse isso", ele dava, ele comprava e dava. Meu irmão não precisava nem sequer pedir, ele já tinha aquele cuidado de comprar para ele, de comprar aquela roupa, de dizer que ele ia para escola como um soldado, bem arrumadinho.

Durante os primeiros anos de minha infância, eu não tive boa saúde. Eu tive um atraso em minha função motora e só logrei caminhar aos três anos, primeiros passos de uma longa jornada que esperava por mim.

Quando eu era pequena, eu gostava de ver as galinhas de pintos novos, elas agasalhando os pintinhos. Eu corria para pegar os cabritos que meu pai criava. Ele fazia plantações em torno da casa. O milho me fascinava quando começava a soltar bonecas. Eu ficava maravilhada vendo tantos cabelos louros e vestidos com capas verdes e eu começava a pedir pro meu pai. Chorava para que minha mãe me desse a boneca do milho, mas ela sempre dizia que entre os cabelos do milho tinha lagarta. Eu tinha medo de lagarta, então eu ficava por ali até que aparecesse outra maneira de brincar.

Eu brincava de esconder, de corre-corre; brincava dentro do paiol de algodão. Às vezes, a gente pegava meu irmão menor e colocava ele dentro do paiol, enterrado, ele começava naquela agonia dentro do algodão, a gente corria e tirava ele, antes que minha mãe tomasse conhecimento. Eu brincava de boneca de pano, fazia casamento das bonecas. Meu irmão que é encostado a mim, a gente vestia ele num capote, uma capa preta, e ele era o padre que casava e batizava as bonecas. Eu gostava de costurar, de fazer as roupinhas das minhas bonecas. Eu tinha os moveizinhos de brinquedo organizados. Minha mãe mandava um cara que trabalhava em madeira fazer a cama, a cadeirinha, o sofá e tudo aquilo era forrado; eu, forrava com os paninhos. Eu mesma bordava aqueles paninhos. Eu me interessei por bordar e costurar as roupinhas das bonecas.

A gente também cuidava dos bichos. Da criação de galinha, de porco, era a gente que tomava conta, botar água nas vasilhas, botar o comer.

Uma vez, era um sábado, e papai saiu para a feira. A gente tinha uma vaca que era muito brava. Não se podia sequer chegar perto que ela se jogava para cima da gente, com a cabeça pronta para dar uma chifrada. Então, eu combinei com meu irmão que a gente botasse um prego numa vara bem grande e que quando ela partisse pro nosso lado, a gente jogasse a vara no focinho dela. Mas aconteceu da vara pegar o olho dela e cegar a vaca. Papai se zangou um pouco. "Vocês, umas crianças, quem já viu uma coisa dessas? Que natureza! Vou ter mais cuidado com esses meninos aqui!".

No geral ele não era muito bravo, não. Ele era, assim, um pai rigoroso, porque, naquela época, todos os pais eram, né? Quando ele estava conversando com um amigo, a gente não passava nem perto. Quando ele nos pedia água, a gente tinha que pedir licença para poder entregar a água a ele, quando voltava tinha que pedir licença novamente; estando conversando com os amigos dele, ninguém ficava ali em volta, para não estar ouvindo conversa. Com mamãe era a mesma coisa. Quando chegava uma amiga dela, uma comadre, ninguém ficava ali em volta. Todo mundo tinha que sair, brincar e só voltar quando ela chamasse. Hoje não, é o contrário; hoje é muito diferente da maneira com que fui criada. Eu vejo assim pelos meus netos, é tudo tão diferente...

Lá em casa, a gente não ia pro roçado. Do roçado era papai quem cuidava junto com os trabalhadores. Ele sempre tinha quatro, cinco moradores na propriedade dele e eram os moradores que trabalhavam lá; a gente trabalhava no serviço da casa, na luta com os bichos e eu ajudava meu pai na mercearia.

Quando era dia de pesar algodão, era ele quem ia anotando o peso de cada saca no papel, para depois somar o resultado, o total. Eu ajudava, também, na mercearia de meu pai. Ali ele vendia carne de charque, café, açúcar, sal... Ele tinha também uma banca de jogo de bicho e era eu quem tomava conta. Aos sábados, meu pai sempre fazia uma brincadeira lá na mercearia pro povo se divertir um pouco. Mas deixa que, enquanto isso, ele aproveitava para aumentar a venda de cachaça, de cigarro, de fumo de rolo e por ali ficavam as bancas de jogo, de um jogo caipira, chamado bozó. Eu gostava muito de jogar bozó, então eu ficava por ali, me escorando, esperando um jeito de me sentar na mesa para jogar, sem que meu pai visse. Eu sempre saía ganhando. Quando eu fiquei mocinha e meu pai acabou descobrindo que eu jogava, ele disse:

– Minha filha, você não vai continuar jogando não, isso é pra cabra-macho e jogo de bozó não dá pra você, não! Eu não quero mais ver você jogando. Cuidado!

Eu não joguei nunca mais. Ordem de pai era ordem severa. Meu pai era severo e minha mãe também. Ela nunca reclamava duas vezes por alguma coisa, era uma vez só.

Eu tinha um tio, irmão de meu pai, solteiro, que de vez em quando vinha passar uns dias lá em casa. Lá por perto tinham umas moças velhas, que quando sabiam que ele tinha chegado, iam lá para casa, aproximavam-se com vontade de namorar com ele. Ele não queria, então ele começava a cantar:

>Bota pó, Vitalina tira pó
>Que moça velha
>Não sai mais do caritó.
>Moça velha
>Quando vai se confessar
>Pergunta logo ao padre

Se é pecado namorar.
Bota pó, Vitalina...
Moça velha
Quando vai tomar o trem
Levanta logo a saia
Não se importa com ninguém.
Bota pó, Vitalina...

Eu aprendi a tal canção. Eu me lembro que um dia eu ia caminhando para a escola e elas estavam lá no açude lavando roupa. Eu, então, começo a cantarolar a canção que eu tinha aprendido. Elas ouviram e entenderam que era com elas. Não custou muito e elas vieram em casa de mãe para fazer reclamação. Quando eu cheguei da escola, minha mãe botou o almoço, ela estava até alegre. Depois que eu almocei, ela então me chamou. Minha mãe usava uma espécie de correia, que a gente chamava de "macaca", que vivia pendurada num prego. Quando ela pegou a macaca, eu pensei: "Ai, meu Deus, é hoje que eu vou apanhar".

– Eu vou te dar umas lapadas pra você deixar de ser atrevida e respeitar os mais velhos, pra aprender a não desacatar ninguém que esteja lá no seu canto, trabalhando.

Quando ela disse isso, eu entendi que foi por causa das moças velhas que eu apanhei.

Ela era muito severa e muito exigente com as coisas dela. Ela gostava de ter os lençóis de cama bordados com o nome de cada um dos filhos. As toalhas de banho, mesmo que fosse de paninho de saco, ela gostava que fossem bordadas, então eu ajudava nessa tarefa de bordar a roupa de casa.

Uma ocasião, muitos anos depois, quando eu reencontrei minha mãe, ela chegou a falar para mim:

— Olha, minha filha, eu sei que você sofreu muito, eu sei que até esmola você pediu pra sobreviver. Eu nunca cheguei a sofrer na vida esse lado de situação econômica difícil, mas eu sofri de outro jeito. Sofri porque eu me casei com um homem que não me respeitava como mulher. Ele sempre teve mulheres fora de casa. Minha filha, eu fui obrigada a fazer muitas coisas que não concordava, mas eu era obrigada a cumprir todas as ordens dele.

Mamãe referiu-se à venda do sítio onde eu e João Pedro morávamos, e que papai vendeu para nos tirar de lá. Ela se viu obrigada a assinar. Não somente pelo meu pai, mas pelo comprador, que era amigo de papai e que pedia para que ela assinasse.

Mamãe era de uma família de proprietários, tanto que hoje um filho do irmão de mamãe é usineiro. Conversando com ele, uma vez, ele falou para mim que reconhecia que eu era uma liderança sindical, mas ele não podia negar as origens dele, que eu era prima, mas que ele não queria me ver de jeito nenhum, porque ele me considerava uma mulher terrorista, comunista e com essa gente ele não queria o mínimo de contato.

Mamãe sofreu muito. Antes dela morrer, lembro-me de que saí de João Pessoa com destino a Sapé. Chegando lá, eu abracei minha mãe, ela tão fria, quando ela me via parece que ela ficava fria, ela já velha, fria, eu abracei ela e nesse momento foi chegando um amigo dela, lá de Sobrado, e ela falou para ele:

— Elizabeth teve tanta vontade de estudar, até chorou quando tiramos ela da escola, mas eu nada pude fazer por ela, porque palavra de mulher não vale, eu nada pude fazer.

Ela falou isso chorando. Apesar de tudo, eu nunca pude me separar do amor que eu tinha por minha mãe. Ela sofreu muito ao lado de meu pai.

Eu me lembro que eu era pequena e meu pai trouxe uma mulher até a calçada da mercearia, botou uma cadeira e ela sentou-se. Mamãe estava gestante. Era de noite, e ela estava cuidando da janta. Depois que meu pai jantou, ele foi embora com a mulher para um baile, um forró, dançar, e minha mãe sofreu muito por conta disso.

Um dia, ela chamou um empregado, que era motorista, pegou o carro e saiu com destino à casa da outra mulher. Ela queria até matar essa mulher. Quando o empregado tomou conhecimento, disse que o carro estava com problema e não chegou até a casa. O meu pai estava lá com a tal mulher, passou anos e anos com essa mulher e chegou a ter um filho com ela. Mamãe sofria muito com tudo isso.

Eu me lembro que meu pai proibia a gente de ir na casa dos moradores dele, ver a miséria. Ele não queria contato dos filhos dele com os filhos dos moradores.

Tinha um empregado que trabalhava na mercearia e, quando a esposa dele chamava para aparar o cabelo das meninas, eu levava uma tesoura lá de casa e ia. Papai não gostava, mamãe também não gostava de jeito nenhum.

Um dia, eu tinha 10 para 11 anos, era de manhã, e eu cheguei na casa de Zé Preto, um morador de meu pai, e a mulher dele tinha descansado à noite. O pretinho estava nuzinho numa cama de vara, um jirau, esteira de capim, eu vi o bichinho ali dentro, nuzinho.

Quando eu cheguei em casa, disse para minha mãe:

– Mamãe, a mulher de Zé Preto descansou. Ela está coberta com um pedaço de tanga de rede, o menino está nuzinho dentro do jirau. Eles não têm nada para comer, o fogo está apagado, ela sozinha lá, outro barrigudinho no chão. A senhora não vai mandar nada, não? Tem tanta galinha aí.

– Você foi lá ver o quê?

– Nada! Deu vontade de ir no açude, lá na horta tirar os tomates que a senhora mandou. Deu vontade de subir a ladeira e eu cheguei até a casa dela. Aí eu vi a situação deles.

– Você viu e já está falando...

– Ô, mamãe! A senhora tem tanta roupinha de nenê, por que a senhora não manda umas roupinhas pra lá?

Ela foi, pegou uma galinha, chamou um empregado que fazia a faxina em volta da casa, que varria o terreiro e disse pra ele:

– Não bote só a galinha, não, bote também um pouco de farinha, de arroz e um pedaço de charque.

Eu sei que ela botou um bocado de coisa e mandou levar.

Quando meu pai chegou, o meu irmão Euclides, o que é encostado a mim, foi logo dizendo:

– Olhe papai, Elizabeth foi na casa de Zé Preto, chegou, e mamãe fez uma feira e mandou para lá.

Mamãe não gostava dessas estórias de fofoca. Quando ela ouviu isso, ela chamou a atenção dele.

– Que seja a última vez que alguma coisa aconteça dentro de casa e na chegada do seu pai, você vai contar.

Ela deu umas boas lapadas nele.

NA MATEMÁTICA, EU NÃO PERDIA NÃO!

Eu sempre tive muita vontade de estudar. O meu primeiro dia de aula foi de muita felicidade. Ir para a escola era sempre uma alegria constante. O professor era um senhor já de idade e muito rigoroso, ele fazia uso da palmatória como castigo, usava também o castigo de joelhos ou então ele punha um livro em cima da cabeça da gente e exigia que a gente abrisse os braços. Esse professor particular morava vizinho de nossa casa e ele vinha muito à casa de meu pai, ele conversava, gostava de contar estórias, piadas...

No meu primeiro ano de alfabetização, aprendi logo a conhecer as letras e juntar as sílabas. Era um grupo de crianças, inclusive meu irmão também estudou comigo. Era um grupo de crianças que estudava particular com ele. Ele alfabetizava a criançada dali.

Depois de um ano, saí de sua escola e fui para um colégio estadual, num povoado chamado Sobrado, que ficava bem distante da minha casa. Lá na escola, os professores eram muito exigentes e queriam que os alunos soubessem os limites do Brasil, os estados do Brasil; a gente tinha que ir para o mapa e dizer tudo. A geografia e a matemática eram dureza. Existia aquele estilo diferente de ensinar e a gente tinha que ser esperto mesmo para responder o que a professora perguntava. Mas na matemática, eu nunca perdia não, eu sempre respondia. Eu era bastante desembaraçada na matemática e tinha muita vontade de estudar. Mas para grande desgosto meu, nessa escola estadual, eu só cheguei a fazer o segundo ano primário. Não houve pedido nem choro que fizesse meu pai prolongar meus anos de estudo. Aos 9 anos, quando fazia o segundo ano primário, tive que sair da escola porque meu pai não consentiu mais que eu estudasse. Ele disse que eu tava uma menina grande e tinha que ajudar e, depois, para caminhar aquela distância grande, não dava. Mas meu irmão, como homem, continuou indo à escola. Isso para mim foi muito difícil, porque eu queria continuar estudando, tinha muita vontade, chorei muito e pedi a meu pai, mas ele disse que não dava certo.

 Meu padrinho, que era farmacêutico, tomando conhecimento de que aquele seria o último ano que eu ia para a escola, que meu pai ia me tirar, e vendo assim o interesse que eu tinha de estudar, foi lá em casa e pediu uma reunião com meu pai. Padrinho, madrinha, meu pai e minha mãe se reuniram à noite em torno de uma mesa para conversar. Meu padrinho queria que eu desse continuidade à escola, achava que eu era uma menina inteligente e que não deveria sair da escola apenas com o segundo ano primário. Mas meu pai era homem de uma palavra só. Quando ele dizia: "Não vai", não aceitava outro entendimento. Quando ele dizia "Não vai!", acabou-se. Foi isso o que aconteceu.

 Naquela época, mamãe tinha uma empregada e ela falava para mim: "Olha, tu faz uma promessa pra Santo Antônio, que ele deixa tu ir pra escola. Santo Antônio é um santo milagroso".

 Eu fiz a promessa, com fé... "Santo Antônio, olhe, veja aí o que meu pai está pensando, abrandai meu pai pra que eu possa continuar na escola". Mas não foi possível.

Meu pai disse até assim ao padrinho:

– Sei que ela é uma menina estudiosa, mas os outros vão querer também e eu não tenho condição de formar todos os filhos. Pra que não exista aí queixa de um ou de outro, que fulano aprendeu e eu não aprendi, então eu tenho que dar a todos um só nível de estudo.

Para papai, bastava ir pra escola aprender a escrever o nome por extenso e ler letra de imprensa. Pronto! Já está sábio, já podia sair da escola.

Meu padrinho propôs até que eu fosse morar em João Pessoa em casa de amigos dele. Papai respondeu que na família dele quem mandava era ele, que ali a última palavra era a dele e que não permitia que eu fosse para João Pessoa, de jeito nenhum. Eu fiquei.

De todos os filhos, o único que ainda continuou mais um pouco foi meu irmão caçula. Aos 14 anos, por conta dele, ele achou que devia continuar a estudar e assim ele ainda fez o quarto ano primário. Ele avançou mais um pouco.

Assim, o tempo foi passando. Aos domingos, eu ia à missa; quando lá chegava, eu reencontrava aqueles colegas que tinham estudado comigo. Eles continuavam estudando e começavam a contar para mim como era a atualidade deles na escola, as provas, se já estavam entendendo alguma coisa mais difícil... Ali mesmo eu chorava, ao lado deles, pensando: meus amigos, meus colegas, eles continuam estudando, já estão evoluindo no estudo, falando para mim que estão entendendo de coisas além das que eu vi na segunda série, e eu, por que não tenho esse direito? Aí eu chegava em casa triste e falava com minha mãe, e ela me dizia: "Minha filha, eu não posso, você sabe, eu sou dominada pelo seu pai, quando ele diz uma coisa, é o que ele diz!". Ela chorava comigo. Anos depois, conversando com ela, nós recordamos aquele passado.

Naquela época, eles tinham um ditado: "Não adianta botar filha mulher na escola, porque é só pra escrever carta para o namorado". E foi assim que aconteceu comigo, eu namorava João Pedro através de carta, era bilhete para lá, bilhete para cá e assim nos entendemos e chegamos a casar.

ELE ME OLHAVA ASSIM, DIFERENTE

Em 1940, quando eu estava com 15 anos, eu conheci João Pedro. Foi no dia 15 de novembro de 1940. Ele estava fazendo compras na mercearia do meu pai.

Meu pai, um médio agricultor, não vivia apenas da agricultura; ele negociava, tinha uma mercearia, comercializava algodão e tinha uma banca de jogo de bicho; ele começou a passar jogo de bicho desde garoto. Apesar de analfabeto, meu pai sempre foi um homem muito inteligente; na matemática, inteligentíssimo.

Eu não sei quantos hectares de terra tinha a propriedade de papai, mas ela não era pequena, era média. Ele vendia a farinha, o feijão, o milho, o algodão; criava cabra, gado e burro. Naquela época, o carro era muito difícil, então ele tinha cinco ou seis burros para transportar aguardente em barril.

Ao lado de meu pai, iniciei ali, ajudando ele na banca de jogo, na mercearia e nos dias em que o algodão tinha que ser pesado para sair para os armazéns.

Meu pai era muito severo e tomava o maior cuidado com as filhas. Nossa casa era arrodeada de calçada, mas quando ele via algum rapaz por ali, pela calçada, ele mandava que a gente entrasse, que fosse cuidar dos trabalhos da casa. João Pedro era operário. Ele já tinha trabalhado muito na terra, mas, naqueles anos, ele se encontrava trabalhando numa pedreira no sítio Anta, que fica nas terras dos Ribeiro Coutinho, aperfeiçoando pedra para fazer paralelepípedo, para catacumba ou para a construção de prédios na cidade. Um dia, o gerente da pedreira falou com meu pai para que fornecesse a feira para os seus trabalhadores. Meu pai aceitou, e foi lá, na mercearia, que eu conheci João Pedro.

Logo meu pai tomou conhecimento de que ele me olhava assim, diferente, e que ali existia um namoro. Meu pai não aceitava. Ele então mandou um recado pelo gerente dizendo que João Pedro não viesse mais fazer compras na mercearia, e que, daquele dia em diante, não tivesse mais o atrevimento de cruzar os batentes de sua porta. Então, João Pedro falou o seguinte: "Eu não devo nada a ele, o barracão que tem por aqui é lá. Pois eu vou, vou e espero que ele venha dizer a mim e não mandar dizer por alguém. Se fechar as portas pra mim, é preciso fechar para todos".

João Pedro, como operário da firma, continuou a fazer as compras na mercearia. Meu pai então me tirou da mercearia. Mas isso não fez com que a gente acabasse o olhar de um para o outro, a gente continuou o namoro através de cartas, até que, no dia 10 de junho, eu fugi de casa. No dia 26 de julho, nos casamos.

Todo nosso namoro, e mesmo para combinar a fuga, foi através de cartas. Ninguém jamais tomou conhecimento de nada, mesmo minha mãe não sabia do nosso namoro. Ficava entre mim e ele. Ele passava e jogava a carta dentro de casa e eu, rápido, pegava. Eu tinha um cuidado... Nos dias em que ele vinha fazer compras, eu já estava sabendo e ficava com cuidado e, quando ele apontava lá na frente, eu já ficava na expectativa. A casa era muito comprida, tinha muitas salas, muitos quartos... Ele jogava a carta dentro de casa e eu [a] apanhava.

Depois que eu lia suas cartas, eu [as] guardava na fronha do travesseiro. Naquela tarde, quando foi para fugir, eu tirei todas as cartas do travesseiro e coloquei[-as] na minha bolsinha para eu levar, para não queimar, para não dar fim às cartas.

João Pedro não sabia ler, então ele tinha um amigo, chamado Sebastião Pedro, que era quem escrevia as cartas ditadas por ele.

Sebastião Pedro era um rapaz que, naquele tempo, servia o Exército e que depois chegou a combater na Alemanha. Depois que ele voltou da guerra, ele casou-se e ficou sendo pastor da Igreja da Assembleia de Deus.

João Pedro pegava a carta e jogava para mim, dentro de minha casa. Eu, que já estava esperando, apanhava aquela carta na maior ansiedade. Outras vezes, ele mandava a carta pela esposa de um outro amigo dele que trabalhava na pedreira com ele. Era ela quem vinha fazer as compras na mercearia de papai. Ela entrava em contato comigo e me entregava a carta de João Pedro. E assim eu fazia também. Eu escrevia para ele e pedia que ela entregasse a João Pedro.

Hoje, Sebastião Pedro está velho, ele é pastor da Igreja Assembleia de Deus aqui em João Pessoa. Várias vezes, ele esteve em minha casa, aqui em João Pessoa, para me pedir que eu me aproximasse da sua Igreja, que eu fosse uma pessoa religiosa e que eu abandonasse a luta e a política. Ele sempre me diz que do mesmo jeito que João Pedro não foi feliz, naquela luta dele, eu também nunca iria ser feliz se continuasse nesse caminho, que eu já tinha conhecido o sofrimento e a

amargura por ter enveredado por este caminho, por ter dado continuidade à luta de João Pedro, que era tempo de parar. Certa ocasião, isso já tem uns cinco anos, ele esteve em minha casa acompanhado de um outro pastor pedindo sempre que eu abandonasse a luta:
– Deixe tudo isso, Elizabeth! Mude, Elizabeth!
Eu respondi a ele que de maneira nenhuma eu ia abandonar essa luta, que ainda não tinha chegado o momento de eu pensar que tudo o que eu tinha feito, e tudo o que eu tinha sofrido não tinha valido nada. Ele me olhou assim, e disse que ia falar com meu filho em Patos. Eu então dei o endereço de Abraão e disse que ele podia ir falar com ele, que podia ir procurar Abraão, mas isso não ia adiantar nada. Ele não voltou mais a me procurar.

A TRISTEZA DE MEU PAI

Eu fugi no dia 10 de junho de 1942, às 10 horas da noite. Ele estava de carro, com um amigo, me esperando. Eu saí, encontrei-me com ele e fomos direto à casa do tio dele. Depois nos casamos em Cruz do Espírito Santo, no civil e no religioso, no dia 26 de julho do mesmo ano.

A gente não teve outra solução senão fugir. João Pedro me pediu em casamento a meu pai, mas meu pai não deu. Falou para mim que não fazia o casamento e estava achando até que eu estava louca em querer casar com um homem que não tinha condições, que era pobre e negro.

Numa carta, João Pedro mandou perguntar o que eu estava pensando, o que eu ia decidir. Eu mandei dizer que estava decidida a casar com ele. Então ele mandou me dizer a melhor maneira dele chegar à minha casa e de como eu sair. Eu pensei e achei que à noite fosse melhor, quando todo mundo estivesse dormindo. Ele concordou. O sinal combinado foi que ele ia tocar a buzina do carro e depois ligar o farol, quando eu visse o clarão, eu saía.

Assim foi feito e eu fugi. Mas no momento em que eu saí, o vigia percebeu que tinha um carro, que tinha buzinado e ele também viu o clarão. Eu saí pela porta do oitão da casa e o vigia estava na porta da frente. Ele pensou que era ladrão atrás de roubar galinhas, mas o que ele viu foi eu me encontrando com aquelas pessoas do carro. Ele avisou logo a meu pai. No mesmo momento, todo mundo tomou conhecimento. Minha mãe sentiu um abalo tão grande que caiu e ficou como morta, por muito tempo, e foi preciso chamar o médico. Meu pai passou um mês sem se alimentar, ficou como louco. Eu era a filha mais velha, por quem eles tinham muito amor. Eles achavam que já tinham dado tudo o que era de bom para mim. Quando eu pedia um vestido novo, minha mãe chamava uma empregada, mandava colocar uma sela no burro e ir à loja comprar pano, ela mandava fazer o vestido, do jeito que eu quisesse. Eles sentiram muito. Meu pai ficou muito abalado; ele disse que foi o ano de maior tristeza para ele.

EU SÓ TINHA ELE POR MIM

Não foi fácil para mim viver separada de toda minha família. Um casamento que me separou de meu pai, de minha mãe, de todos os meus irmãos, para viver só ao lado de João Pedro. Eu só tinha ele por mim. Foi muito difícil viver isolada, tendo filhos um atrás do outro, sem a presença de minha mãe, de parente nenhum. Não foi fácil.

Depois que nos casamos, fomos morar na fazenda Massangana, onde o tio dele era gerente. Era um casarão muito grande, com várias salas e vários quartos. Nós moramos dois anos e pouco na casa dele. João Pedro foi criado por este tio, que se chamava Luiz Pedro.

João Pedro nasceu, em 1918, em Pilõezinhos, perto de Guarabira. Quando seu pai separou-se de sua mãe, dona Lia, ele tinha um ano e pouco de idade e sua irmã ficou com um mês.

Quando sua mãe casou-se, era quase uma criança, ela tinha 12 anos. Aos 14, ela teve o primeiro filho, João Pedro, que recebeu o mesmo nome que o pai, João Pedro Teixeira. Naquele tempo, não se usava botar "Filho" na continuidade do nome; então pai e filho se chamavam João Pedro Teixeira.

Tendo se casado, João Pedro (pai) arrendou uma terra em Pilõezinhos para trabalhar. Era uma continuidade de terra em que os pais dele já trabalhavam. Passados dois anos, começou uma disputa de terras com o proprietário e a pessoa mais visada era João Pedro pai, porque ele era a pessoa que negociava junto com os proprietários a questão do arrendamento. Era mês de junho. Dona Lia, sabendo dessas disputas, sabendo que ia ter confusão na festa de São João que estava sendo preparada na propriedade, molhou a roupa do marido para ele não ir para esta festa. Ele secou essa roupa no pé do fogo, vestiu-se e foi para a festa. Chegando lá, ele encontrou-se com dois filhos do proprietário que estavam acompanhados de mais dois capangas. Começou uma discussão e na briga, João Pedro, para se defender, acabou matando os dois. A partir desse dia, ele desapareceu para nunca mais voltar e dona Lia ficou com dois filhos pequenos nos braços.

Depois do desaparecimento de João Pedro (pai), toda a família veio morar em Guarabira. Dona Lia ficou sem condição de criar o menino, então ela deu ele para os avós por parte de pai e ficou somente com a menina que também não se criou. Ela era ainda menina quando morreu de tuberculose. João Pedro foi criado pelos avós em Guarabira. Quando a avó morreu, ele ficou com o tio, esse que era gerente da fazenda Massangana; inclusive foi para a casa desse tio que João Pedro me levou no dia em que fugimos.

Tempos depois, dona Lia mudou-se para Sapé. Ela era espírita e praticava essa religião. Muita gente ia se consultar com ela, inclusive os grandões da Usina Santa Helena, nas terras onde ela morava.

A mãe de João Pedro não aceitava a luta do filho. Ela sempre dizia a ele que deixasse isso de lado, que ela sabia que a vida dele não ia acabar bem. Muitas vezes, ela chegou a me pedir que falasse com João Pedro para ele abandonar a luta. Eu lhe dizia que não podia fazer isso, que João Pedro era homem feito e sabia o que estava fazendo. Apesar disso, ela gostava muito de mim. Sempre que podia, ela ajudava a gente com uma feirinha. Quando ela sabia que a gente estava passando necessidade, ela chegava e ajudava. Eu me lembro de uma roupa que ela mandou para João Pedro. Era um terno claro. Ela era muito boa com a gente, eu gostava muito dela. Quando eu voltei à Paraíba, em 1981, eu fui lhe fazer uma visita. Ela ficou muito contente de me reencontrar. Dona Lia faleceu em 1985.

EU ESTAVA COM UMA SAUDADE TÃO GRANDE DE CASA

Quando eu casei, poucos dias depois, eu fui visitar meu pai e minha mãe. Só que eles se retiraram de casa, ficou só a empregada e meu irmão caçula. Quando eu me casei, meu irmãozinho ainda não andava e quando eu voltei ele já estava caminhando. Achei tão interessante ver ele caminhando.

Eu estava com uma saudade tão grande de casa, e falei para empregada:

– Cadê mamãe?
– Ela saiu.
– E papai?
– Saíram agora mesmo. Todo mundo saiu para não ver sua chegada aqui.

Eu nem tinha avisado que ia, mas quando saltei do ônibus, lá no Café do Vento, alguém me viu, reconheceu-me e avisou meu pai. Eles então saíram de casa para não me ver. Nesse dia, eu estava acompanhada de João Pedro.

Quando minha irmã adoeceu, papai mandou me chamar a pedido dela. Ela era a terceira filha. Ela adoeceu, teve muita febre, meu pai junto com dois médicos de Sapé, ali ao lado dela e nenhum salvou sua vida. Quando ela estava muito mal, ela falou para papai que queria me ver antes de morrer. Papai mandou que o motorista se encarregasse de me levar até sua casa, que minha irmã estava passando mal. Quando eu cheguei, ela me reconheceu ainda. Minha irmã não falou mais comigo porque lhe faltou a fala, mas ela me abraçou. Ali eu fiquei e ela faleceu dois dias depois. Ela tinha 12 anos, era dia 30 de novembro; em abril ela ia fazer 13 anos.

Minha mãe adoeceu, e eu fiquei na casa de meu pai quase um mês, na recuperação de minha mãe. Meu pai então me fez uma proposta: que eu me separasse de meu marido e que ficasse ali com ele; que eu não tinha sequer que voltar a pisar lá na casa onde eu morava com João Pedro, que ficasse ali porque eu tinha tudo. No momento, eu não dei resposta. Três dias depois, ele perguntou qual era a minha decisão:

– Papai, eu volto para junto de meu marido.

– Minha filha, você ainda volta para companhia daquele negro?

– Eu volto, papai, eu não posso ficar aqui com o senhor!

Para meu pai, foi a maior tristeza.

Eu não sei o que João Pedro tinha de tão especial para fazer eu abandonar o conforto que minha família podia me dar. Ele era uma pessoa excelente. Eu nunca soube que João Pedro tivesse outra mulher, outra namorada. Ele andava, ele lutava. Lembro-me de que uma vez a gente estava no campo e veio um povo do Rio, umas meninas do Rio de Janeiro, elas saíam com ele no campo, passaram uma semana inteira em nossa casa. E eu nunca tomei conhecimento, nunca na minha vida tomei conhecimento que ele estivesse interessado em outra mulher. A gente viveu uma vida inteira sem brigas, sem discussão. Ele foi para São Paulo, passou um bocado de dias lá em São Paulo, com os metalúrgicos e tudo. Depois ele foi para um congresso, eu acho que foi o primeiro congresso com lideranças do campo. Esse congresso foi em 1965, antes do assassinato dele, ele fez até uma roupa de linho azul e com esse uniforme ele foi enterrado.*

João Pedro era uma pessoa alegre. Ele cantava no coro da igreja, tinha uma voz bonita, gostava até de bater um violão. Ele tocava e cantava, gostava de fazer serenata, o violão não era nem dele, mas ele gostava de cantar aquela música romântica... não sei, um homem que nunca chegou em casa para dizer assim: "Elizabeth, por que você não fez isso ou aquilo?".

Se ele chegasse em casa e por algum motivo, eu estivesse doente, com dor de cabeça, ou preocupada com uma criança, eu dizia para ele: "Olha, a carne ainda está ali, não tem almoço hoje, eu nem sequer peguei...".

Ele ia, fazia o almoço e depois dizia: "Venham, vamos comer".

Ele era uma pessoa excelente, um homem humilde, honesto. Nos 20 anos que eu vivi com ele, eu nunca ouvi dizer "João Pedro está bebendo", ou "João Pedro tem outra mulher", ou "Ele está dormindo fora por motivo de outra pessoa, de outro amor", de jeito nenhum. Se adoecesse um dos meninos, a noite era dividida: "Já é tal hora, você cuida; a partir dali, eu vou ficar com o menino". Ele perdia a noite de sono ao meu lado, eu ficava com o menino, depois eu dormia um pedaço e ele ficava. O que ele pudesse fazer por mim, ele fazia, e isso fez com que eu tivesse um amor muito grande por João Pedro.

No início do namoro, não era como hoje, um amor pegado, beijo, não, eu nunca... Desde o início até o dia em que eu fugi com ele, eu nunca tinha pego sequer na mão dele, não. Nós nos namorávamos assim: olhávamo-nos, ele

---

* Trata-se da I Conferência da União dos Lavradores e Trabalhadores Agrícolas do Brasil (Ultab), realizada em São Paulo, com a finalidade de avaliar as lutas no campo e definir uma posição em torno da reforma agrária.

mandava uma carta, eu outra. O primeiro encontro que eu tive pessoalmente com João Pedro, para falar com ele, foi na noite em que eu fugi, que eu me encontrei com ele, ali a gente apertou a mão um do outro, abraçou um ao outro, foi bom, foi muito bom.

Eu acho... eu sofri muito ao lado dele porque, no momento em que eu via alguém bater na porta, chamar ele, alguém dizer que um advogado queria falar com ele, e não era, era capanga em volta de nossa casa, pois no dia seguinte quem passava dava notícia que a casa estava arrodeada por capangas, né? E naqueles momentos que eu passava ao lado de João Pedro, saindo da sede da Liga Camponesa de Sapé, a gente passava nas calçadas e eu ouvia dizer: "Tua cabeça vai rolar!", "Eta, cabeça boa de bala!".

Não, eu nunca me arrependi de ter casado com ele. Eu andava sempre ao lado dele, a gente ia para a Liga Camponesa de Sapé, para a Liga Camponesa de Mari. Quando estava acontecendo qualquer violência, ele me convidava e eu ia com ele para lá, eu dava assistência a ele na sede das Ligas Camponesas, nos atos públicos, para ler jornal. Nos dias de sábado, ele tinha que ficar na feira, entrando em contato com os camponeses que vinham do campo para a feira e eu tinha que ficar na Liga, carimbando a carteira, assinando o nome dele na carteira.

ELE NÃO VOLTOU PARA CASA NUNCA MAIS

Uns três meses antes do assassinato dele, eu tinha me afastado da Liga porque eu tinha feito uma cirurgia, aliás duas numa só, dum cisto no ovário e duma apendicite. Aí eu ficava mais em casa, mas eu gostaria de ter acompanhado ele, até mesmo no momento em que ele foi assassinado. Quando ele era vivo, eu dizia para ele, na hora em que os capangas batiam na porta da frente, outros batiam na porta de trás, João Pedro ficava por trás da porta com a foice e eu dizia para ele:
— Você não vai morrer sozinho. Se botarem a porta adentro, você não morre sozinho!

Ele mandava que as crianças se deitassem no chão, eles ficavam todos juntinhos, deitados no chão, porque se vier bala vocês estão no chão. Eu e ele ficávamos de guarda na porta, de foice na mão, que camponês não tem arma, aguardando que eles botassem a porta abaixo. Eles só faziam ameaças, mas nunca chegou o momento de botar. Isso rolou anos. Esses meninos, os meus filhos, eles são uns frustrados de não poder dormir de noite, com medo das pancadas nas portas, com medo dos capangas, que davam comida envenenada aos cachorros. Amanhecia o dia com os restos de carne embrulhada em papel.

Às vezes, eu faço uma análise, assim, de como é que João Pedro sustentou aquela barra tão difícil na vida? De ser tão ameaçado por capangas, de saber que ia morrer. Alta noite, ele não dormia, perdia o sono e ficava na cama, sentado, e eu ficava deitada, com a cabeça no travesseiro. Ele levantava, vigiava um por um dos filhos, olhando os que dormiam em cama, os que dormiam em rede, pois não tinha cama para todos, o cigarro, a fumaça e, naquela altura, as lágrimas descendo dos olhos, sabendo que aqueles filhos, ele ia deixar. Não foi fácil, mas eu fiquei sempre ao lado dele, até o dia que tiraram a vida dele.

Naquela segunda-feira, eu estava tirando leite da vaca quando João Pedro se aproximou de mim e disse: "Eu vou a João Pessoa, tem um chamado do advogado".

Era problema da terra em que a gente morava. Papai tinha vendido a terra para Antônio Vito, para que ele despejasse a gente de lá, então João Pedro entrou com uma ação de protesto contra aquele despejo, por isso ele estava indo a João Pessoa.

Meu pai lutou muito para me separar de João Pedro. Ele vendeu o sítio porque achou que assim seria mais fácil jogar João Pedro para fora. Papai vivia dizendo que João Pedro era comunista, agitador, que queria tomar a terra alheia, que eu não podia continuar vivendo com um homem como ele, que eu abandonasse ele e meus filhos junto com ele, que eu voltasse sozinha para casa, que lá na casa dele, meu pai, eu teria tudo. Como papai viu que eu não aceitava as propostas dele, que eu não me separava nem de João Pedro, nem de meus filhos, ele então vendeu o sítio pro senhor Antônio Vito.

Dias depois, esse novo proprietário começou a fazer todo tipo de jogada para botar a gente para fora. Ele soltava o gado dentro do nosso roçado, esperando que João Pedro fosse brigar com ele. João Pedro via aquilo e não perdia a calma. Não demorou muito tempo e o mandado de despejo chegou.

João Pedro procurou um recurso na justiça, ele foi junto com um advogado. Enquanto o processo caminhava na justiça, a gente continuava no sítio. Tudo aconteceu justamente no dia da audiência com o juiz, para ver se as partes chegavam a um acordo. Eles sabiam que João Pedro ia, naquele dia, para João Pessoa, para participar dessa audiência. Tudo estava planejado. Eles sabiam a hora em que a audiência ia terminar que, aliás, nem aconteceu por que o advogado de Antônio Vito não apareceu, eles sabiam que João Pedro só tinha um caminho para chegar até em casa, o lugar onde ele ia descer do ônibus, eles planejaram tudo.

Antes de sair de casa, João Pedro aproximou-se de mim e disse que ele tinha amanhecido o dia tão assim... sentindo uma coisa estranha, mas que não ia esmorecer na viagem e que voltaria, mas caso ele não chegasse até 6 horas, que eu fechasse a porta e não abrisse para ninguém; ele me disse que não era certeza dele voltar, por conta das ameaças. Ele não voltou para casa nunca mais...

FOMOS EMBORA PARA RECIFE

Desde que casamos, a gente morou junto com o tio dele, na fazenda Massangana, no município de Cruz do Espírito Santo. O tio dele era gerente desse engenho que foi do falecido coronel Cazuza Trombone. Eu ainda não tinha filhos, eu passei dois anos sem ter filhos. Minha primeira filha nasceu no dia 13 de junho de 1944. Quando comecei a sofrer, para descansar da menina, eu terminei vindo parar na maternidade Cândida Vargas, em João Pessoa, e aqui eu passei 13 dias. Foi um parto muito trabalhoso. Depois, em dias de novembro, eu fui com a menina para casa de minha sogra, em Sapé, e lá ficamos sete meses enquanto João Pedro se organizava, arrumando um trabalho e uma casa para a gente morar no Recife.

Depois do nascimento da menina, não deu mais para continuar ali na fazenda Massangana onde o tio dele era gerente. João Pedro desentendeu-se com o tio por conta das agressões que eram feitas contra os moradores. A dona do engenho, a viúva do coronel, era muito brava e mandava que o gerente do engenho tratasse os trabalhadores no pau, que expulsasse os moradores...

João Pedro não achava isso justo. Ele então chamou o tio e disse:

– O que o senhor está fazendo não é correto, meu tio. O pobre do morador é expulso, deixa a lavoura e às vezes leva até umas lapadas do vigia. Isso não está certo!
– Olhe, meu filho, fui eu quem criei você depois que teu pai te deixou no mundo. Se hoje não aceita o que eu estou fazendo, então é melhor você seguir o seu destino.

João Pedro foi então procurar trabalho em Recife e eu fiquei aguardando por ele na casa de minha sogra. João Pedro era cantel* de profissão, ele já tinha muita experiência no trabalho de canteria, então ele arrumou trabalho numa pedreira em São Lourenço da Mata, veio me buscar e me levou com ele. Chegamos em Recife, em janeiro de 1945, para morar em Jaboatão, na rua Siqueira Campos. Em novembro deste mesmo ano nasceu meu segundo filho, o Abraão.

Chegando em Recife, João Pedro entendeu que devia se alfabetizar. Ele comprou a cartilha e um caderno e eu comecei a ensinar ele, até que ele alfabetizou-se mesmo. Depois ele lia o jornal, lia a Bíblia, lia a Constituição.

João Pedro era muito inteligente, aprendia rápido. Não era preciso ensinar duas vezes. Ele tinha aquela vontade, aquele desejo de saber. Para ele, era uma tristeza muito grande não saber ler e escrever. No dia do nosso casamento, ele nem sequer assinou o nome, ele só marcou com o dedo. Mas depois, ele alfabetizou-se mesmo!

João Pedro era protestante. Eu nunca cheguei a saber como é que ele entrou para religião protestante. Assim que nós chegamos em Recife, ele começou a frequentar a escolinha da

---

* Mesmo que artífice. A palavra cantel é derivada de canteria (ou cantaria), "pedra rija cortada em esquadria para construção" – definição encontrada no *Novo dicionário da língua portuguesa*, de Francisco Torrinha, editado pela Livraria Simões Lopes, Porto, 1945.

Igreja Presbiteriana, em Tejipió. Eu ia pouco à igreja, porque eu tinha o espírito nos meninos. Mas João Pedro gostava muito de ler a Bíblia e chegou até a cantar no coro da igreja. Quando chegava o domingo, ele levava a menina, a maiorzinha, para a escola dominical da igreja. Ele me convidava para ir à igreja quando havia uma festa, ou mesmo nos domingos. Às vezes, eu ia, mas nunca cheguei a ser crente. Eu sempre fui católica. Quando eu tinha um tempinho, eu gostava muito de ir à igreja, de ouvir a missa. Eu tenho muita fé. Quando eu me afasto um pouco da igreja, eu sinto falta, isso me deixa acabrunhada. Eu gosto também de ler a Bíblia. João Pedro também gostava. À noite, quando ele chegava em casa, sempre pedia para que eu lesse um pedacinho da Bíblia, versículo 3 no Evangelho de São João, versículo tal nos Atos dos Apóstolos... Ele sempre mandava que eu lesse assim, dizendo o capítulo e o versículo que ele queria. Eu penso que foi lendo a Bíblia que João Pedro desenvolveu assim o seu pensamento e chegou a ser uma grande liderança camponesa.

Nos primeiros tempos que a gente morou em Recife, João Pedro começou assim um companheirismo com os companheiros operários... Ele recebia um jornal operário e vendia aos amigos trabalhadores. Depois de uns dois ou três anos, ele foi se afastando mais da Igreja e fazendo cada vez mais reuniões em casa, participando de reuniões com os operários. Eu fui e perguntei para ele:

– Oxente, você tá se afastando da Igreja? E esse pessoal que tá vindo conversar com você, conversar aí duas, três, quatro horas, eles não são crentes?

Aí ele disse que não, que a crença deles era em Deus, mas que eles precisavam lutar, lutar por melhores condições da vida, por melhores dias, para dar aos filhos um futuro melhor.

E era por essa razão que ele estava lutando com os operários, trazendo o jornal *A Voz do Povo*, aquele jornal operário, e fazendo reunião em nossa casa.

João Pedro fundou o sindicato da classe dele em Recife, dos trabalhadores que trabalham na pedra. Mas a partir daí, os proprietários das pedreiras se recusavam a dar trabalho para ele, por causa da organização do sindicato dentro das pedreiras. Os empreiteiros da construção civil do Recife também recusavam dar trabalho para ele, pelo mesmo motivo. E foi ficando assim, difícil, ele sempre conseguia um trabalho, mas foi ficando cada vez mais difícil.

Nesses anos todos em que a gente morou em Recife, eu não participava em nada da luta dele. Eu ficava em casa, cuidando da arrumação, cuidando dos filhos. Eles faziam muitas reuniões lá em casa. Vi muitos companheiros que chegavam, que se reuniam com João Pedro, que debatiam. Eu nem sequer ficava ali por perto, nem me sentava na mesa com eles. Eu ficava no quarto balançando a rede dos meus filhos, botando eles para dormir.

Mesmo depois que João Pedro fundou o sindicato, lá em Recife, eu não tinha nenhuma participação, nem na luta, nem no sindicato. A minha participação era entregar o jornal para os operários, no final da semana, quando eles recebiam, eles me pagavam. Nessa época, eu trabalhava numa mercearia. Eu precisei trabalhar três anos atrás de um balcão, por causa da situação difícil. Foi em 1950, 1951 e 1952. Nessa época, eu já tinha cinco filhos. A menina mais velha tinha 6 anos. Ela ficava em casa, junto com os outros, e eu ia trabalhar no balcão. Eu levava o pequeno comigo, a menina maiorzinha ficava, eu já deixava a comida pronta, ao meio-dia eu vinha, esquentava o comer, botava e ficava perto.

Eu não tinha nenhuma participação na luta de João Pedro. Em 1950, ele já trabalhava na política entregando panfleto ao povo. Eu nem sequer votava. Ele até disse assim:
— Você não quer tirar o título pra votar?
— Não, quero não!

Uma vez meu pai mandou um cabo eleitoral dele, para eu tirar o título, para eu votar na UDN, que era o partido de meu pai, e eu mandei dizer a ele que não votava. A primeira vez que votei foi em novembro de 1962, ano em que João Pedro foi assassinado. Eu nunca tinha votado antes. Para gente que é mãe e dona de casa, é muito difícil para se entrosar numa luta, só mesmo num momento difícil como foi esse. Agora, no campo, não, os camponeses que vinham para conversar com João Pedro, eu dava atenção para eles, entrava em contato com eles...

Nós moramos nove anos em Recife. Em 1954, papai tomou conhecimento de que eu estava numa situação difícil. Naquele ano, por causa das chuvas, a cidade ficou com umas áreas inundadas, as construções muito molhadas, e foi aí que João Pedro parou mesmo. Por muito que ele andasse à procura de serviço, ele não encontrava, não tinha trabalho.

Euclides, meu irmão mais velho, que levava farinha, abacaxi e amendoim da propriedade de meu pai para vender em Recife, chegou até a minha casa. Quando ele viu minha situação, achou uma coisa horrível.. Ele viu os meninos, eles estavam com o cabelo grande, a situação estava muito difícil...
— Elizabeth, estou vendo que a sua situação está muito difícil.
— Está sim, aqui a situação é essa que você está vendo.
— Papai comprou outra fazenda, lá não tem ninguém. Uma casa danada de boa, de tijolo, um casarão muito grande, na

frente tem um depósito, tem loja e farmácia tudo pegado. Eu vou falar com ele, porque lá não tem ninguém e é tão bom que você vá para lá.

Ele chegou, falou para papai e a resposta foi:

– Bem, para ficar dentro da minha casa, não! Para ficar perto de mim, eu não quero, mas sendo para ficar para lá... tá vazia mesmo... ela pode!

Na outra semana, quando meu irmão chegou trazendo a resposta de papai, eu lhe disse:

– Mas como é que eu vou? Eu não tenho dinheiro para comprar as passagens, para botar a mudança no trem.

– Por isso não, eu vou te dar.

Quando João Pedro chegou, eu contei e ele ficou muito triste. Como é que ele ia morar em terra de um povo que não gostava dele? Eu hoje tenho esse arrependimento dentro de mim. Se a gente não tivesse vindo de volta para a Paraíba...

João Pedro não queria vir porque meu pai não se entendia bem com ele. Mas a situação não estava boa, ele não arranjava emprego nas pedreiras, a gente já tinha seis filhos para criar. Eu insisti.

– Vamos, é melhor! Lá no sítio, a gente vai poder plantar, vai ter condições de criar nossos filhos. A situação aqui não tá dando mais, então é melhor a gente ir para lá. É melhor ir embora, a situação aqui está difícil, você sem emprego. A gente já está devendo o aluguel da casa...

– Está bem, eu ainda tenho que acertar uns negócios por aqui, você pode ir na frente, depois eu vou.

– Tudo bem.

João Pedro me ajudou a fazer a embalagem das coisas, levamos tudo para a estação e eu vim sozinha com as seis crianças. Quando eu cheguei na estação de Sapé, meu irmão já estava lá me esperando, com o carro. Ele botou tudo em cima e nos levou pro sítio. A casa, papai mandou limpar, lavar, pintar toda de cal. Ele já tinha comprado umas vasilhas grandes, tudo cheia d'água. No dia 10 de maio de 1954, entrei e fiquei na casa; João Pedro chegou no dia 30 daquele mesmo mês.

NÓS VOLTAMOS PARA SAPÉ

Nesse tempo, papai mandou seus trabalhadores fazerem uma área de terra plantada para mim. Feijão, milho, macaxeira, algodão, de tudo tinha. Quando João Pedro chegou, ele trabalhava na enxada e também na pedreira vizinha, para conseguir dinheiro para comprar o açúcar, o café... No próximo ano, a gente conseguiu um empréstimo para fazer a lavoura.

Foi nesse tempo que ele fez amizade com João Alfredo Dias, conhecido como Nego Fuba, que morava em Sapé e era presidente do Partido Comunista Brasileiro. Por causa dessa amizade, João Pedro veio para João Pessoa, entrou em contato com o povo do Partido e conseguiu um financiamento na cooperativa que funcionava em Sapé. Isso foi em 1956, e João Pedro começou a entrar em contato com o homem do campo, a tomar conhecimento da realidade do homem do campo e viu que existia o cambão, que o homem vivia no maior sacrifício, que o foreiro todos os anos tinha que pagar um foro maior, e João Pedro começou a despertar para a luta contra o cambão e contra o aumento do foro.

Nessa época, usava-se muito o cambão. Cambão é o primeiro dia da semana dado gratuitamente ao patrão, o resto da semana o trabalhador tinha que trabalhar pelo preço que o padrão quisesse pagar e, mesmo assim, não recebia em dinheiro, recebia em vale que era descontado no barracão do patrão.

A primeira região em que João Pedro derrubou o cambão foi dentro de Maraú, mas foi também a primeira região em que o gado foi solto para comer a lavoura do homem do campo. Foi dentro da fazenda Maraú. João Pedro juntou todos os camponeses e eles passaram a noite todinha levantando uma cerca em protesto. No dia seguinte, ele foi preso. Aí começou. No período de 1958 a 1962, a luta foi muito dura, muito forte. Na renúncia de Jânio Quadros, a nossa casa foi cercada pelo Exército. Quando abrimos a porta, o Exército invadiu, armados de metralhadoras, revirando tudo, até jornal velho eles encontraram. Era o *Terra Livre*.* "Ah! Aqui tem jornal comunista!" Eles juntaram aqueles jornais e levaram João Pedro preso. Eu olhei assim para eles e disse:

– Isso é por falta de papel higiênico, é?

Eles deram a moléstia comigo.

João Pedro foi levado para o quartel dos bombeiros. Ele foi preso muitas vezes, inclusive na posse do governador Pedro Gondim. A polícia invadiu nossa casa, bateram nele; no dia seguinte, suas costas estavam roxas de pau, de cassetete da polícia. Naquela noite, estava tudo previsto para matarem ele, mas João Pedro ainda pôde se jogar nas águas do rio e conseguiu sobreviver. Enquanto os soldados puxavam a roupa para não molhar, João Pedro deu um chute em um, jogou-se na água e conseguiu escapar. Eu sei que a luta, naquela época, não foi fácil, não.

---

* O *Terra Livre* era um jornal de periodicidade variável, editado pela União dos Lavradores e Trabalhadores Agrícolas do Brasil, desde o início dos anos 1950 até 1964. Era um instrumento de veiculação das propostas da Ultab e de divulgação das lutas no campo.

Um dia, o sargento Moisés chegou lá em casa, acompanhado de um grupo de policiais, para prender João Pedro. Eu lhe disse que João Pedro não estava, que tinha ido pra Minas Gerais participar de um congresso. O sargento não acreditou e disse:
– Eu tenho informações de que João Pedro está aqui.
– Pois se o senhor é homem de informação, vá procurar se informar melhor, e retire-se da minha casa porque, como mulher, eu não sou de informação.

Ele retirou-se, mas foi direto para casa de meu pai, dizendo que só não tinha dado um tapa na minha cara porque eu estava com o bucho grande, que eu devia lhe agradecer.

João Pedro tinha que caminhar a pé: Mari, Miriri, Pilar, Itabaiana, Guarabira, toda essa área andando a pé, era tudo muito difícil. Eu também caminhei a pé um bocado, mas a minha caminhada foi menor. A Liga, talvez por eu ser mulher, a Liga sempre pagava um carro, um jipe de aluguel para que eu entrasse no campo; para resolver os problemas, sempre aparecia um transporte.

A FUNDAÇÃO DA LIGA CAMPONESA

A Liga Camponesa de Sapé foi fundada em 1958. Desde 1954, João Pedro vinha lutando com o homem do campo, ele já tinha conquistado muitos camponeses. Então, quando a Liga foi fundada, já tinha muitos camponeses ao lado dele para lutar através desta associação camponesa e reivindicar os seus direitos. Quando o homem do campo era despejado, ele não tinha a quem pedir socorro. Quando o proprietário despejava, ele ficava despejado mesmo, e tinha que botar os troços na cabeça e sair dali, não importava que tivesse lavoura ou que não tivesse, tudo ficava ali, e ele tinha que ir embora.

O objetivo da Liga era lutar contra esta injustiça, esse era o trabalho de João Pedro, conscientizar o homem do campo a se unir para combater essa e outras injustiças.

Quando um camponês era despejado, o proprietário tinha que pagar os direitos. Caso não pagasse, o trabalhador permanecia na terra, pois ele sabia que não estava sozinho, que estava unido, que tinha outros companheiros que podiam ajudar a ele, dando-lhe força para continuar na terra e não ser jogado para fora sem nenhum motivo. Mas quando não havia nenhum tipo de entendimento entre o proprietário e o homem do campo, quando o proprietário dizia que a terra era dele e que ele não queria mais ver o camponês em suas terras, então se lutava pela sua indenização que, muitas vezes, ia até para a justiça.

Essas lutas foram sendo do conhecimento dos camponeses e a cada dia que passava, crescia o número de associados na Liga Camponesa. Através da união do homem do campo, eles puderam fazer alguma coisa, eles conseguiram até eliminar o cambão. Com a união, os camponeses conseguiram eliminar o cambão. A fazenda Maraú foi a primeira.

Era uma segunda-feira, eles se reuniram e falaram para o vigia e para o patrão que não davam mais aquele dia de trabalho sem pagamento. Se o patrão pagasse, eles iam trabalhar, mas se não quisesse, eles trabalhariam para eles mesmos, nos seus roçados, e só voltariam a trabalhar para o patrão depois da terça-feira.

Pouco a pouco, eles conseguiram, mas conseguiram como? Foi através de muita luta, união e organização. Depois de Maraú, outras fazendas a seguiram e assim o cambão foi sendo eliminado.

Ao lado da luta contra o cambão, os camponeses protestavam também contra o aumento do foro, que existia todos os anos. Os camponeses pagavam por um, dois ou três hectares da terra, mas na hora da colheita, muitas vezes não dava sequer para pagar o foro, quanto mais o aumento do foro. Não era raro o camponês ter que vender um bode, uma cabra, um bicho que ele criava, somente para poder pagar o foro. Esses eram os problemas mais graves que o homem do campo enfrentava.

Para João Pedro, não foi fácil organizar o homem do campo. Todo mundo tem conhecimento de como era a situação do campo naquelas épocas de 1954, 1958, até 1962, quando ele foi assassinado. Não era fácil para João Pedro porque o homem do campo acreditava que tinha nascido para sobreviver sendo escravo do patrão. Então, para colocar na cabeça dele que ele não era escravo, que ele morava ali, que trabalhava ali e que tinha os seus direitos, não foi fácil. Mas João Pedro conseguiu, com muita luta, organizar o homem do campo. Não foi só em uma fazenda, duas, três ou cinco não. Foram várias cidades, foi uma região inteira. João Pedro tinha aquela obrigação de trabalhar em casa, durante a semana, e aos sábados e domingos, ele entrava em contato com o homem do campo para conversar, passar o dia com ele, almoçar por ali. No domingo seguinte, João Pedro já ia para outra fazenda. E assim João Pedro conquistou a confiança do homem do campo para fundar a Liga. Aqueles homens tinham a maior confiança nele, para qualquer coisa, eles estavam do lado de João Pedro. A Liga cresceu tanto que, quando ele foi assassinado, a Liga tinha 7.400 associados.

TODO DOMINGO EU ME PERGUNTAVA...

João Pedro chegou a Sapé no dia 30 de maio de 1954. Uma semana depois, papai mandou alguns trabalhadores dele para ajudar a gente a fazer um terreno para a plantação. João Pedro foi também para a cavagem dos leirões. Ali ele viu bem a situação daqueles homens. Quando chegou a hora do almoço, João Pedro ficou impressionado com o que eles comeram, apenas farinha com um pedaço de rapadura, outros uma piaba assada, outros alguns caroços de feijão cozido na água e sal. Ele achava aquilo um absurdo.

Como João Pedro já tinha uma ideia de organização, por causa do sindicato que ele tinha criado em Recife, na semana seguinte ele começou a sair para andar no campo, para conversar com os trabalhadores. Quando ele saía, eu dizia:

— Para onde você vai?

— Vou andar por aí, vou entrar por estas fazendas, vou conversar com essa gente do campo, vou tomar conhecimento se essa situação é geral, se isso acontece em todas as fazendas ou não.

Ele começou a visitar as fazendas: Anta, Sapucaia, Melancia; era tudo a mesma coisa. Ele começou a ver a miséria do campo. Ele foi vendo as crianças descalças, nuas, de barriga grande. De fazenda em fazenda, a situação era pior.

Então, João Pedro começou a conversar com eles e dizer que era preciso se organizar, unir-se e lutar por uma outra condição de vida. E assim, quando ele chegava em casa de volta, à noite, ele dizia:

– A miséria no campo está grande, há gente morrendo de fome, há gente doente, há gente amarela, há gente com a barriga crescida de verme. Tem que haver uma luta para organizar esse povo, para esse povo reivindicar, tomar consciência de que não nasceram para viver numa miséria dessa.

Quando ele me falava assim, eu não dava muita importância. E todo domingo eu me perguntava: Esse homem não se cansa? Às vezes, ele chegava em casa noite adentro.

– Que tanto tu faz? Isso é que é gostar de andar!

– Estou andando e trabalhando.

– Trabalhando como? Procurando saber o quê? A vida dos outros?

– Não, não é da vida dos outros que eu estou procurando saber, eu estou procurando saber como é que, nesse Brasil, que é rico, pode ter tanta gente morrendo de fome, na mais completa miséria.

Então, começou a luta dele no campo. Em novembro de 1956, ele fez uma reunião em nossa casa e chamou três companheiros da cidade, João Alfredo, Pedro Fazendeiro e Manoel Barbosa, companheiros da cidade de Sapé. Eu não sei o número de camponeses que foram, mas sei que deu muita gente. Eu não dou notícia do que eles conversaram, porque eu estava na cozinha preparando o almoço, só sei dizer que, no dia seguinte, a polícia veio prender João Pedro.

Nesse mesmo dia, meu pai veio até minha casa e disse:

– Bom dia, minha filha, Deus te abençoe.

– Bom dia, meu pai.

– Eu estou aqui com a finalidade de saber da reunião comunista que houve ontem aqui.

– Eu não tenho conhecimento de nenhuma reunião comunista.

– Ontem estiveram vários homens aqui e eram comunistas, sim.

– Disso eu não tenho conhecimento, meu pai.

– Olha, se eu soubesse que ontem ia haver uma reunião comunista aqui, eu e meus amigos tínhamos vindo acabar com ela no pau.

Eu olhei bem pra meu pai e disse o seguinte:

– João Pedro não está porque a polícia levou ele, mas eu lhe digo o seguinte: o senhor não acabaria a reunião no pau, porque para isso era preciso que o senhor passasse por cima de dois cadáveres, do de João Pedro e do meu.

Ele deu as costas e foi embora. Isso foi em dias de novembro. Em janeiro, começaram as chuvas e João Pedro precisava plantar, mas a gente não tinha dinheiro. João Pedro se aperreou, pois tinha que dar de comer para uma família que já era grande. Ele conseguiu plantar somente um leirãozinho de feijão em volta da casa. A gente aguentou até o mês de julho, aí ele disse:

– Vou pro Rio de Janeiro. Sei que lá está existindo trabalho numa pedreira em Jacarepaguá.

Ele foi para o Rio e lá passou sete meses trabalhando. Mas depois, ele adoeceu.

Nessa época, eles espalharam o boato de que ele tinha morrido. Essa notícia chegou até mim e eu não podia acreditar. Como é possível que ele tenha morrido e ninguém tenha me avisado? Ele tem amigos lá e eu tenho certeza de que eles teriam escrito para mim, que mandariam me dizer qualquer coisa. Com muita paciência, eu fiquei aguardando por ele.

Eu marcharei na tua luta!

Em agosto, João Pedro chegou, ainda doente. No Rio, ele tinha se hospitalizado com uma pneumonia. Devagarinho ele foi se recuperando, mas antes mesmo de ficar bom, ele já ia novamente pro campo, para conversar com o homem do campo. E os proprietários diziam:

– Não tem jeito não, mal chegou e já está no campo de novo!

Eu tinha um tio, casado com uma tia minha, que era proprietário, que chegou lá em casa e disse:

– Oxe! João Pedro chegou? Por que esse homem não vai trabalhar em vez de ficar andando no campo, fazendo fofoca no campo? Em que ele está trabalhando?

– Olhe, meu tio, eu não sei, eu não dou notícia não.

Eu sei que a partir daí, a luta engrossou mesmo. Dois dias depois, a polícia estava lá em casa prendendo ele de novo. Mesmo antes de fundar a Liga, a polícia já estava atrás dele. Eles diziam que João Pedro estava pregando o comunismo, agitando o homem do campo, preparando o homem do campo...

EU NUNCA LHE DEI A RESPOSTA

Em 1958, João Pedro fundou a primeira Liga Camponesa da Paraíba. Nunca houve um só momento para ele dizer: "Eu não sei pra que fiz isso!", "Tô arrependido!..." ou "Eu não fiz isso!". Não! Nunca houve esse momento. Nunca houve um momento para ele se sentir cansado ou para reclamar. Sabendo que ia morrer, um dia, ele falou assim para mim:

– Estas fotos ficam como lembrança, deixo para você estas fotos e os nossos filhos como lembrança, pois sei que vou morrer.

Eram fotos que ele tinha mandado tirar, mas a polícia carregou tudo quando houve o golpe de 1964.

Em janeiro de 1962, o desespero já era grande. No meio da noite, os capangas batiam em nossa porta, chamavam João Pedro para fora, diziam que tinham o que resolver com ele lá fora. Outras vezes, eles chegavam e diziam: "João Pedro, você vai ser morto, vão cortar a sua orelha pra tomar com cana" ou ainda "Você tem que ser morto, o latifúndio vai tirar sua vida".

Um dia, eu chamei João Pedro de lado, para que os filhos não ouvissem, e falei:

– João Pedro, vamos embora da Paraíba, vamos embora pro Sul do país. Nós temos 11 filhos para criar e precisamos olhar para eles, não podemos deixar nossos filhos abandonados; se te matam, o que é que eu vou fazer com nossos filhos?

Um amigo dele que estava trabalhando no Paraná, numa vez que veio em Sapé, disse para João Pedro que sentia que a coisa estava arrochada, que a qualquer hora que ele quisesse sair ele poderia ir pro Paraná, que lá ele teria onde ser colocado, onde trabalhar e do que viver. Eu queria ir embora. João Pedro então, com a cabeça baixa, com um pau na mão riscando o chão de terra, levantou a cabeça e disse.

– Sei que vou tombar, mas uma coisa eu digo para você, eu não me acovardo! Eles vão tirar minha vida, covardemente, pelas costas, porque de frente eles não vão ter coragem de enfrentar, mas eu continuarei aqui até tombar.

Daquele dia em diante, eu não tinha mais o que dizer a ele. Lembro-me de um dia, quando estávamos indo para Sapé, caminhando pela estrada, ele muito suado, então eu lhe disse:

– Olhe, seria tão bom que a gente almoçasse em casa nos domingos, deitasse um pouco para descansar, quem trabalha a semana inteira precisa descansar ao menos no domingo.

Ele virou-se para mim e disse:

– A luta é muito difícil, companheira. Sei que vou tombar. Você continua essa minha luta?

Naquele momento, eu não tive coragem de responder nada. Eu vi a tristeza nos olhos dele.

Nas últimas semanas, nos últimos meses, antes dele ser assassinado, ele dormia pouco, fumava demais, toda noite ele tinha como por obrigação de ir na cama de cada filho ou na rede. As lágrimas descem, ele não queria que eu visse. Ele acendia o cigarro e soltava aquela fumaça bem forte, para encobrir, mas eu via ele na rede de cada um dos filhos, pegava na mão deles, baixava a cabeça, beijava, e as lágrimas desciam.

Ele sabia que ia morrer e que aqueles filhos iam ficar sentindo a ausência dele. Ele dizia que o maior prazer dele era criar os filhos, que através da luta dele e da ajuda dos companheiros, ele iria formar seu filho mais velho como advogado, ele seria seu defensor. Apesar da sua coragem, o seu coração sentia a dor da separação dos seus filhos. Não tinha uma só noite que ele não fosse de rede em rede, de cama em cama, depois que os filhos tivessem adormido. Era como se fosse uma despedida.

A PRIMEIRA DIRETORIA DA LIGA

Na primeira diretoria da Liga, João Pedro era o presidente, Pedro Fazendeiro era o vice-presidente, João Alfredo, que era chamado de Nego Fuba, era o secretário, e Severino, o Bigodão, era o tesoureiro.

Eu não sei por que Pedro Fazendeiro tinha esse nome. Ele era um cara pobre, um foreiro, trabalhava na fazenda Miriri, que é dos Ribeiro Coutinho. Agora, eu não sei por que ele tinha esse apelido. Às vezes, ele ria e dizia assim: "Me chamam de fazendeiro e eu não tenho sequer terra para morar". Depois que ele ficou sendo o vice-presidente da Liga, ele veio morar em Sapé. Ele era um autêntico na luta. Até hoje ele está desaparecido; depois do golpe militar, ele nunca mais apareceu, nem ele, nem João Alfredo.

João Alfredo, o Nego Fuba, trabalhava como sapateiro e era do Partido Comunista. João Pedro também foi do Partidão, no tempo em que moramos em Recife. Ele era filiado ao Partido Comunista.

Quando João Pedro iniciou as Ligas Camponesas, ele não dizia que a Liga era comunista, que ali havia um movimento comunista, que a direção era comunista. No momento da luta, ninguém ali falava que era comunista, não. Ali só se falava na luta do homem do campo, nas reivindicações do homem do campo, que era preciso que o homem do campo tivesse uma assistência médica, assistência jurídica para não ser despejado sem indenização, que era preciso uma reforma agrária para que o homem do campo tivesse terra para trabalhar. Eu ainda me lembro de um hino que eles cantavam:

> Companheiros,
> Irmãos no sofrimento,
> Nosso canto de dor sobe da terra.

Quando a gente morava em Recife, João Pedro participava das reuniões com Gregório Bezerra, ele conheceu Miguel Arraes e vários outros companheiros lá do Recife. Eu também conhecia vários deles. Às vezes, eu falava para ele:

– Olhe, João Pedro, você era crente, pregava o Evangelho, ia aos cultos nos domingos, frequentava a escola dominical e hoje você está tão afastado dessa tua religião.

– Não é só de religião que a gente precisa, a gente tem que lutar por dias melhores, por melhores condições, melhores salários para os operários, melhores condições para o homem do campo, lutar pela terra, para que o homem de mão calejada tenha o direito de permanecer na terra. Mas eu continuo sendo crente. Você está pensando que eu deixei de ser crente só porque não estou lá na igreja? Sou crente, confio em Deus, creio que Deus existe. E o Partido Comunista é um partido da luta operária, lutamos para que, um dia, a gente tenha melhores condições neste país; o operário, o estudante, o homem do campo...

– Dizem que o Partido Comunista tem tantas coisas, assim, diferentes. Quando eu era menina, meu padrinho, que era farmacêutico, costumava falar que no comunismo tudo é comum, até as mulheres ficam... um cara chega e é dono dela, é uma coisa!

– Isso é a realidade que está aí! Os patrões não respeitam os filhos dos seus moradores. Às vezes, o morador tem uma filha mais engraçadinha e o patrão chama logo para empregar na casa dele, aí ele vai conquistando... O nosso comunismo é outra coisa. Nós queremos o bem-estar para todos, pra Nação.

E eu ficava ouvindo aquilo, mas pouco eu entendia. Ele era uma pessoa muito boa, ele nunca exigiu de mim que eu fosse do Partido. Católica toda vida eu fui; eu católica e ele crente. Ele ia para Igreja Evangélica e eu para Igreja Católica. Ele nunca disse: "Você tem que ser crente!" Ele falava o seguinte para mim:

– Olhe, vamos deixar para batizar os nossos filhos quando eles forem de maior, que entenderem, e quando eles disserem "Eu quero me batizar, papai!", quando eles tiverem acima de 13 ou 14 anos, quando eles puderem escolher.

– Tudo bem! Já que você não se incomoda que eu vá à minha igreja, tudo bem, vamos deixar os meninos crescerem pagãos.

E assim foi feito. Somente depois do golpe é que minha família batizou as crianças.

Ele nunca me disse: "Você tem que ser do Partido". Nesse tempo, eu não ligava para política, nem sequer título de eleitor eu tinha. Eu não queria entender de política para não ter que votar em ninguém. Eu dizia: "Eu não sou funcionária, eu não tenho nenhum emprego, eu não estou me incomodando com isso nada". Vim tirar o título de eleitor depois da morte dele. Eu era uma pessoa desacreditada da política. Às vezes, os companheiros chegavam e eu ficava por ali. Mesmo que os meninos estivessem dormindo, ou quando era durante o dia, quando eles estavam brincando, eu não ligava para participar das reuniões, não procurava saber das coisas. Ele dizia que eu era uma pessoa muito ingênua, uma pessoa que vivia achando que o mundo é bom todo o tempo. Ele achava que eu tinha que me dedicar, aprender as coisas, não ficar por fora.

O CAMPONÊS ERA ENTERRADO "DE ACERO"

Todos os meses, João Pedro convocava os camponeses e realizava um ato público em Sapé. Naqueles atos públicos, ele dava a relação dos atestados de óbito daquele mês. A partir da fundação da Liga, o número de associados foi aumentando e os camponeses não precisavam mais ser enterrados "de acero", nem em encruzilhada de caminho, não. Agora o camponês tirava o atestado de óbito e era enterrado em cemitério, no caixão.

Naquele tempo, quando o trabalhador morria, a prefeitura emprestava o caixão, mas o pobre não podia ser enterrado com ele. Depois de botar o corpo na cova, o caixão voltava vazio, para servir a outro.

Então, todo final de mês, eles tinham que dar aquele relatório. E quando havia, assim, um despejo, uma violência, eles faziam um ato público para denunciar que, na fazenda do senhor fulano de tal, tinha acontecido tal e tal coisa.

Existia a maior solidariedade entre as Ligas Camponesas da Paraíba e de Pernambuco. Os ferroviários também eram unidos com o homem do campo, eles estavam na mesma luta.

Uma vez, João Pedro fretou um vagão inteiro do trem para levar não sei quantos camponeses daqui da Paraíba para prestar solidariedade aos companheiros de Pernambuco, do mesmo jeito que vinham carradas e carradas de companheiros pernambucanos prestar solidariedade aos companheiros da Paraíba. Então, havia uma solidariedade muito grande, de todas as Ligas e de todos os trabalhadores. Havia ali um movimento que era uma coisa só, se acontecesse um problema em Itabaiana, todos prestavam ajuda, se acontecesse em Sapé, todos davam sua solidariedade, se acontecesse um problema em Pernambuco, todos iam.

Foi num desses atos públicos que eu conheci Francisco Julião. Tinha acontecido uma violência na fazenda Caruçu, na casa de um companheiro, Nezinho. Ele e um irmão dele tinham plantado muita lavoura em volta da casa, até fruteira tinha. A casa era muito velha, e eles conseguiram construir outra casa. Quando Clóvis Marinho viu aquilo e sendo que eles eram sócios da Liga, ele achou que os trabalhadores iam tomar as terras dele. Aí começou a violência e a repressão contra esses moradores, botando eles para fora. Os trabalhadores resistiram. Ou recebiam uma indenização ou não saíam. Clóvis Marinho então pegou cinco capangas, eu cheguei a conhecer um deles, Zé Vinício, que tinha sido empregado de meu pai, e foram para casa do Nezinho. Eles estavam no quintal, arrancando macaxeira, quando ele viu a casa invadida, ele veio correndo para dentro da casa, pegou um revólver e aí começou a troca de balas. Ele matou dois e ficou baleado também. Na briga, a velha mãe dele deu uma dentada na orelha de um capanga, que ficou com um pedaço no dente.

Então se fez um ato público, conseguiu-se dinheiro para botar o trabalhador no hospital, e na operação ele perdeu mais de 60 centímetros de intestino e um rim. Julião foi para Sapé nesse ato público em solidariedade aos companheiros da Paraíba. Foi aí que eu conheci Julião.

Eu me lembro bem dos advogados da Liga. Lembro-me do doutor José Gomes, do doutor Santa Cruz, doutor Bento da Gama, doutor Joaquim Ferreira e da doutora Ofélia Amorim. Ela era uma moça de Campina Grande. Ela foi uma das mais jovens formadas aqui; ela formou-se com 22 anos e era advogada das Ligas Camponesas da Paraíba.

A primeira Liga foi a de Sapé, depois veio a de Mari e de Mamanguape e a de Santa Rita. Essas Ligas funcionavam como a de Sapé. Todo mês tinha um ato público. Eu mesma, depois que assumi a presidência da Liga de Sapé, eu participei de muitos atos públicos em Santa Rita. Mamanguape, Mari...

EU MARCHAREI NA TUA LUTA

Naquele dia 2 de abril de 1962, João Pedro levantou-se de manhã, tomou um leite, tomou um banho e saiu de casa. Antes de sair, ele falou comigo e disse:

– Olhe, eu não acredito em sonhos, mas esta noite eu sonhei que estava atravessando um rio, e dois cabras me atacavam de faca, eu me defendia dando chute, mas eu via um rio de sangue, em vez de água o rio era de sangue.

– É melhor você não viajar hoje.

– Mas eu tenho que ir, a audiência está marcada para hoje.

Meu pai lutou muito para me separar de João Pedro e depois jogar João Pedro para fora do sítio. Papai me dizia que ele era comunista, que era agitador, que ele queria tomar as terras alheias, que eu não podia continuar vivendo ao lado de um homem como ele, que eu abandonasse João Pedro e meus filhos junto com ele. Ele queria que eu voltasse para casa. Se eu me separasse de João Pedro, se eu viesse de volta para casa, ele poderia botar João Pedro para fora da terra sem ter que vender o sítio. Mas quando ele tomou conhecimento de que eu não ia me separar de João Pedro nem de meus filhos, então ele vendeu a terra, pois assim ficaria mais fácil para que a gente fosse expulsa. Foi toda uma jogada política.

O novo proprietário começou a soltar o gado dentro do nosso roçado, pensando que João Pedro fosse sair, alterar-se, brigar com ele. Era isso o que ele queria, ser agredido por João Pedro e assim ter uma desculpa para matar ou mandar matar. Mas João Pedro via o gado, e com calma chamava os meninos para ir com ele espantar o gado de dentro do roçado. Isso tudo com muita calma.

Vendo que por esse caminho ele não conseguia, o proprietário então mandou um mandado de despejo. Quando o oficial de justiça entregou esse mandado a João Pedro, ele procurou um advogado. E foi justamente no dia 2 de abril de 1962, dia em que tinha sido marcada a audiência com o juiz, aqui em João Pessoa, é que eles prepararam a emboscada.

Eles sabiam que João Pedro tinha que estar em João Pessoa naquele dia. Eles sabiam a hora em que ele deveria voltar para Sapé. Eles sabiam o caminho que ele tinha que fazer para chegar em casa. Eles planejaram tudo.

Eu disse a João Pedro:

– Quando se tem um sonho desses não se viaja, principalmente numa segunda-feira.

– Eu não posso faltar à audiência e, além do mais, tenho que trazer hoje o livro de admissão e os cadernos pro Abraão, que ele começa amanhã.

Ele foi. O dia passou e João Pedro não chegava. Anoiteceu. Eu sabia que assim que escurecia a nossa casa era rondada por capangas. Fechei tudo. João Pedro sempre falava para mim que, dadas as perseguições contra a sua pessoa, que ele estando fora de casa e a noite chegasse, que eu fechasse as portas e não abrisse para ninguém.

Nada, João Pedro não chegava. Eu fiquei, assim, inquieta por causa do sonho. Botei as crianças para dormir e me deitei.

Quando eu vou fechando os olhos, eu vi aquela lista de fogo na minha vista; eu não conseguia dormir. Quando o dia clareou, Abraão abre a porta e sai. Ele viu muita gente vindo para a nossa casa e voltou gritando por mim: "Mamãe, mamãe". Eu vivia doente, tinha sido operada, não tinha saúde.
– Meu Deus! O que foi que aconteceu?
Eu me levantei e saí na porta. Aquela gente foi se aproximando da nossa casa e um senhor, que era funcionário do cemitério, seu Chico Guarabira, foi dizendo o seguinte:
– João Pedro foi morto a tiro de fuzil, ontem, de 5h40 da tarde, bem perto do Café do Vento. Ele já se encontra em Sapé.
– Meu Deus, tanto que esta gente planejou que chegaram a realizar.
Chamei o menino mais velho, Abraão, e lhe disse:
– Meu filho, vamos até Sapé.
Nesse momento, eu não penteei o cabelo, não troquei de vestido, e nós saímos de pés com destino a Sapé. A gente ia caminhando pela estrada quando parou uma caminhonete junto de nós. Eu disse ao motorista que João Pedro estava morto, em Sapé. Ele me disse que já sabia, pois ele mesmo tinha transportado o corpo para o necrotério do hospital. Ele então me levou até Sapé. Chegando lá, o policiamento em volta do hospital era grande. O corpo de João Pedro estava lá, guardado por policiais. Isso me deu uma revolta muito grande. Enquanto ele era vivo, a polícia nunca tinha se preocupado com a vida dele, agora que ele estava morto, para que danado precisava deles ali? Eu tinha um ódio muito grande da polícia, por causa das prisões e do massacre que a polícia fazia com João Pedro. Eu nunca tive respeito para com a polícia.
Os dois policiais que estavam no portão do hospital disseram que eu não tinha direito de entrar, que eu só poderia

entrar com a ordem do diretor do hospital, e que o diretor só se acordava às 7 horas. Eu fui até a casa dele, que era vizinha ao hospital, mas a empregada dele disse que ele ainda estava dormindo. Eu voltei pro hospital disposta a pisar por cima das armas que eles estavam segurando, duas armas abocadas, dois fuzis apontados; eu pulei por cima dos fuzis e mandei que Abraão pulasse também. Fui diretamente pro necrotério. Cheguei, e ele estava lá, morto, estendido em cima da pedra. Os olhos cheios de terra, o ouvido também, o sangue no chão, uma poça imensa de sangue. O lençol que cobria seu corpo estava cheio de sangue, como se tivesse sido morto naquele instante, sangrando, os olhos dele tão vivos, abertos, tão vivos que se você olhasse, dizia que ele estava vivo. Ele era um homem forte, 1,75 m de altura. Então, naquele momento eu disse:

– João Pedro, por mais de uma vez você me perguntou se eu daria continuidade à sua luta, e eu nunca te dei a minha resposta. Hoje eu te digo, com consciência, ou sem consciência de luta, eu marcharei na tua luta, João Pedro, pro que der e vier!

Senti vontade, naquele momento, de voltar para o campo e chamar os homens do campo e gritar bem alto: "Viva a reforma agrária!", "Queremos reforma agrária mesmo!", "Vamos lutar pela terra".

Naquele momento, eu não chorei, eu não consegui chorar, mas o desespero tomou conta de mim. Isso é uma coisa absurda, matar um homem só porque ele luta pelos direitos dos seus companheiros, só porque ele dizia que não lutava somente pela família dele. Quando ele tinha oferta de terra ou dinheiro, ele dizia: "Não é somente a família de João Pedro que tem necessidade. A família de milhões, de milhões de companheiros, não apenas da Paraíba, mas de todos os estados do Brasil". Como um homem desse pode ser morto assim barbaramente? Como é que pode uma pessoa sair de casa com saúde e chegar estraçalhada? Suas carnes arrancadas, parecia que seu corpo tinha sido estraçalhado de foice. Aquilo me trouxe revolta. A minha consciência de luta, a minha dedicação pela luta foi em protesto ao assassinato de João Pedro. No momento em que eu vi João Pedro morto, em cima da pedra, aquilo me revoltou muito. Até aquele momento, a luta tinha sido dele. Eu ficava em casa, cuidando de tudo, das crianças, do roçado, arrancando batata, plantando inhame, apanhando feijão...

Tantas vezes ele me perguntou se eu ia continuar a luta dele. Eu sempre me calei, eu nunca lhe dei a minha resposta...

Mas quando eu o vi ali, estraçalhado de bala, eu olhei bem para ele e lhe disse:

– João Pedro, a partir de hoje, eu marcharei na tua luta. Luta por terra, luta pelo homem do campo, luta pela mulher do campo que sofre como eu já sofri e que estou sofrendo agora. Tanto faz viver ou morrer. Eu estou disposta a enfrentar o que vier. Se eu for morta, morro, os filhos ficam... Mas eu te juro, João Pedro, eu darei continuidade à tua luta!

No final da tarde, João Pedro foi enterrado, ali mesmo, em Sapé. Veio muita gente, muitos companheiros de várias cidades e de outros estados. A revolta, no campo, era grande. Eles estavam todos ali, esperando uma só palavra para incendiar Sapé. E a turma controlando, João Alfredo, Pedro Fazendeiro, Manoel Alexandrino, toda a direção da Liga, controlando para que isso não acontecesse porque esse não era o nosso objetivo.

A EMBOSCADA ESTAVA PREPARADA

João Pedro sabia que ia morrer. No domingo, um dia antes de viajar para João Pessoa, um companheiro dele, que tinha um trabalho lá pela usina do Agnaldo Veloso Borges, tomou conhecimento, através de um amigo de lá de dentro, que a vida de João Pedro ia ser tirada de qualquer maneira. Naquele domingo, ele veio almoçar lá em casa e disse a João Pedro:

– Olhe, eu vim te avisar que tu tenhas cuidado, porque tua cabeça não tem preço. O Agnaldo disse que quer tua orelha de qualquer jeito, para tomar com cachaça.

Depois que o companheiro foi embora, João Pedro saiu, andou por dentro da lavoura, recolheu as duas vaquinhas que a gente tinha, e entrou em casa. À noite, ele foi de rede em rede agasalhar cada um dos filhos, como ele sempre fazia. Ele estava calado, preocupado, quase não dormiu. Quando amanheceu o dia, ele foi tirar o leite das vacas, tomou um copo de leite e foi tomar banho no rio, que ficava quase na frente da nossa casa. Aí ele se arrumou para viajar para João Pessoa. Mal sabia ele que a emboscada estava preparada.

Cabo Chiquinho e Antônio Alexandre estavam disfarçados de vaqueiros, eles eram policiais. Montados a cavalo, eles ficaram por ali, perto do Café do Vento, até que se encontraram com Joana Bernardo, uma camponesa que serviu de testemunha no inquérito, que perguntou o que eles queriam. Eles responderam que estavam procurando uma novilha que tinha fugido do rebanho. A propriedade era de João Leite, meu cunhado, casado com uma irmã minha. Segundo informações que eu tenho, eles almoçaram na casa de João Leite. A propriedade fica na beira da estrada e de lá se avista a parada do ônibus que vem de João Pessoa para Campina Grande, lugar conhecido como Café do Vento.

João Pedro saltou do ônibus, entrou numa mercearia que tinha ali por perto, comprou cigarro e pegou a estrada, caminhando, para vir para casa. Eram cinco e meia da tarde. Por ali, tem um trecho de mata. Nesse local, eles armaram a emboscada. Quando João Pedro ia passando, eles atiraram. No primeiro tiro, João Pedro soltou um gemido bem grande, deram o segundo, o terceiro. Ele tombou sem vida. Uma camponesa, que morava ali por perto e que presenciou a morte de João Pedro, teve um aborto por causa de tudo o que viu.

Cabo Chiquinho e Antônio Alexandre foram presos. Quando eles viram que a situação estava difícil, cabo Chiquinho confessou que foi ele mesmo que tinha feito o serviço e denunciou os mandantes do crime: Agnaldo Veloso Borges e Pedro Ramos Coutinho.

Nem era preciso se perguntar muito para saber quem tinha dado a ordem, todo mundo sabia. Do mesmo jeito que todo mundo sabe que foi dele que partiu a ordem para matar a companheira Margarida Maria Alves 20 anos depois.

Quando o Agnaldo viu a cara dele estampada nos jornais, acusado de mandante do crime de João Pedro, ele conseguiu chegar a deputado e, com isso, se safar da justiça.

Nas eleições de 1960, ele candidatou-se a deputado, mas deixa que ele não logrou vencer, ficando como suplente. Depois que os jornais começaram a divulgar o que todo mundo já sabia, então ele passou de suplente para titular nessa vaga. Eu sei que o primeiro que renunciou foi Wilson Braga, depois veio Flaviano Ribeiro Coutinho, que é usineiro também, depois foi a vez de Clovis Bezerra. Houve mais dois que não me lembro o nome. Eu só sei que Agnaldo era o quinto suplente e num prazo de dias ele assumiu como deputado e ficou com imunidade. Esse homem nunca pagou pelos crimes que cometeu. Eu sei que no final do julgamento do caso da companheira Margarida, o juiz culpou Agnaldo como mandante de mais esse crime, mas, nessa altura, ele já tinha morrido.

A MORTE RONDAVA MINHA CASA

A morte de João Pedro deixou um vazio muito grande. Durante o dia, parece que tudo ficava mais fácil, o trabalho, a continuidade da luta, mas quando caía a noite e que eu olhava para cada um dos meus filhos, o desespero era grande. Eles me perguntavam se o pai não ia voltar nunca mais, outro me perguntava como era mesmo que tinham matado o pai deles. Um chorava num canto da parede, o outro se desesperava... Às vezes, eu pensava que seria melhor se eu tivesse morrido ao lado dele, para não ver uma penúria dessas. Meu Deus, não foi fácil! Ficou uma revolta tão grande dentro daquela casa que só sabe dela quem viveu.

Marluce, minha menina mais velha, não suportou tanta dor e terminou por dar fim à vida. Ela não aguentou. Ela me dizia assim:

— A senhora não vai vencer, mamãe, eu sei que coisas piores virão pela frente e que a senhora não vai vencer.

— Por que é que você diz isso, minha filha?

— Porque eu vejo, porque eu sonho, e eu não quero ver. Mataram meu pai e não vai haver justiça. Toda noite eu vejo o rastro do meu pai caminhando dentro de casa, eu vejo meu pai se sentando ao lado da cama...

Ela não podia sobreviver sem o pai, então ela desistiu de viver. Ela sempre me chamava de lado e dizia:

– A senhora está enfrentando essa luta, está dando continuidade à luta de papai, mas a senhora não vai vencer, vai ser um desastre, a criançada vai ficar toda jogada e antes que isso aconteça, eu prefiro morrer.

No dia 27 de novembro de 1962, sete meses depois do assassinato de João Pedro, voltando da sede da Liga, encontrei Marluce vomitando.

– Por que você está assim, foi alguma coisa que você comeu?

– Não, mãe, foi veneno que eu tomei misturado com mel de engenho.

– Ah, loucura! Abraão, meu filho, corra até Sobrado e telefone pedindo um táxi, tua irmã tomou veneno.

Chegando ao hospital, o médico fez uma lavagem no estômago dela, mas ele me disse que o caso estava difícil e que era melhor trazer para João Pessoa. Nós viemos. Passamos a noite toda ao lado dela, mas no dia seguinte, no dia 30 de novembro, às 10 horas da manhã, ela não resistiu e morreu.

Antes de morrer, ela me disse que estava sentindo muitas dores, que todo o seu corpo queimava, que ela sabia que ia morrer e que tinha feito aquilo por causa do assassinato do pai dela, que ela sabia que não ia ter justiça para ele, e que eu ia continuar nessa luta, mas que seria em vão. Ela tinha apenas 18 anos.

Eu fiquei como morta. Alguns dias depois do enterro de Marluce, Julião veio me visitar e me viu doente, em cima de uma cama. Ele então me levou para Recife. Passei alguns dias internada em Recife. Depois que eu saí do hospital, ainda fiquei duas semanas na casa de Julião. A irmã dele, que é médica, ficou dando assistência a mim. Muitas pessoas vinham conversar comigo, prestar-me solidariedade. Mas eu estava mergulhada na minha dor. Meu Deus! Parece que a morte ronda a minha casa. Quando Marluce morreu, meu filho Paulo estava internado há vários meses no hospital por causa de um tiro que ele tinha recebido na cabeça. Ele ficou internado de junho até dezembro, sofreu várias cirurgias e quase morreu. Foi no dia 16 de junho, dois meses depois do assassinato de João Pedro. Os meninos ficaram sentados na calçada da casa comentando tudo o que tinha acabado de acontecer com o pai deles. Abraão, Isaac e Paulo, eles eram pequenos e, numa ocasião, Paulo, que tinha 10 anos, disse que vingaria a morte do pai quando crescesse. Ele sempre repetia isso. Essa conversa foi parar nos ouvidos dos proprietários, levada pelos chaleiras, pelos babões, que passavam na frente da casa e ficavam ouvindo as conversas. O comentário dentro de Sapé era que Paulo Teixeira tinha jurado que ia vingar a morte do pai. Eu sei que nessa ocasião, Antonio Vito, que era o proprietário, botou um morador novo lá dentro da propriedade, com a ordem de acabar com o menino assim que a oportunidade surgisse. E assim foi feito. No dia 16 de junho, Paulo estava no roçado apanhando macaxeira quando foi alvejado com um tiro na cabeça. Ele ficou como morto, eu não sei como ele conseguiu sobreviver. A bala ficou no cérebro. Levamo-lo para o hospital de Sepé, e lá ele fez a cirurgia. Depois, ele foi transferido para João Pessoa, e fez mais outras cirurgias. Ele ficou vários meses internado. Ele conseguiu sobreviver, mas perdeu parte do cérebro e ficou inválido para sempre.

Meu Deus! Como foi difícil! Num só ano eu perdi meu companheiro, minha filha mais velha, e meu filho estava como morto numa cama de hospital.

Em vez de me sentir amedrontada, eu ficava cada vez mais revoltada, pois eu sabia que toda essa desgraça vinha de um só lugar, do latifúndio. Ele era o responsável por essas e por outras tantas desgraças que aconteciam no campo. Em vez de fugir da luta, aí é que eu me apegava cada vez mais ao juramento que fiz ao lado do corpo sem vida de João Pedro. "Para o que der e vier, eu continuo a tua luta!"

VINGANÇA, NÃO!

Depois da morte de João Pedro, eu fiquei recebendo a solidariedade de vários companheiros. Companheiros estivadores, companheiros operários, companheiros do campo. Todos os dias chegavam a minha casa companheiros de vários estados, trazendo solidariedade.

No dia 1º de maio de 1962, um mês depois do assassinato de João Pedro, eu me encontrava na sede da UNE, no Rio de Janeiro. Os estudantes tinham me convidado para uma homenagem e para protestar contra a violência no campo. Eu estava acompanhada de Julião. Quando eu entrei na sede da UNE, os estudantes me colocaram uma grinalda de flores, que ia dos meus ombros até meus pés. As flores eram vermelhas, simbolizando o sangue derramado de João Pedro Teixeira. Eu estava muito emocionada, foi a coisa mais bonita que eu já vi em toda minha vida. A UNE estava apinhada de gente, os estudantes carregando faixas e cartazes protestando contra a violência no campo e exigindo reforma agrária. Naquele mesmo dia, houve uma grande passeata pelo Rio de Janeiro.

Eu sentia que havia muita solidariedade, que o homem do campo não estava sozinho na sua luta. Essa solidariedade vinha de todas as partes, eu recebi até um telegrama de Fidel

Castro, dizendo que tinham decretado um Dia Nacional de Luto, lá em Cuba.

Logo depois que eu cheguei do Rio, foi então que eu recebi um convite para ir a Brasília para dar meu depoimento na Comissão Parlamentar de Inquérito. Fui eu e dona Cecília, viúva de Alfredo do Nascimento, companheiro que foi morto nas terras de Pedro Ramos Coutinho, em Miriri, assassinado barbaramente no campo, antes de João Pedro.

O companheiro Alfredo Nascimento era da diretoria da Liga de Sapé. Era um companheiro muito autêntico, e ele já tinha sido avisado que estavam preparando para tirar a vida dele.

Um certo dia, o companheiro Alfredo estava trabalhando no roçado, quando chegou um capanga da usina, conhecido por Capa de Aço. Esse homem era o cão! Ele chegou ao roçado e foi atirando. Alfredo tombou morto. Mas os outros companheiros que estavam trabalhando, perto dali, ouviram os disparos e, como existia o boato que iam tirar a vida do companheiro Alfredo, eles correram para a estrada, para pegar o Capa de Aço na saída. Esse capanga foi morto. Ele tinha capa de aço, mas a cabeça não era de aço.

A violência no campo crescia. Os latifundiários se armando, contratando capanga para botar fim à vida dos trabalhadores. E isso não era escondido, não! Eles anunciavam que iam dar fim a tal e tal liderança, a tal e tal trabalhador. Foi depois do assassinato de João Pedro que o governo resolveu abrir uma Comissão para tomar conhecimento da realidade do campo.

Francisco Julião acompanhou a gente. Lá em Brasília, eles procuraram saber como tinha sido o assassinato de João Pedro. Eu falei que eu vivia apenas em casa, cuidando do trabalho doméstico, cuidando dos filhos. É certo que, aos sábados e aos domingos, eu acompanhava João Pedro até a sede da Liga, ajudava a preencher as carteirinhas... Aí eles disseram que eu deveria ficar no lugar de João Pedro, para que a luta não caísse.

Passado um mês da morte de João Pedro, foi feito um ato público em Sapé. Todos os camponeses concordaram e aprovaram que eu deveria assumir a presidência da Liga Camponesa. Eles gritavam numa só voz: "Elizabeth vai substituir o lugar de João Pedro!".

Eu não sei dizer se tinha 10 mil ou 15 mil camponeses nesse ato público. Só sei dizer que eram muitos. Depois do assassinato de João Pedro, os camponeses vinham em massa. Era uma maravilha. Eles não se afastaram da luta nem se intimidaram. Cada dia, crescia o número de inscritos. Foi uma revolta no campo. Quem não tinha carteira, vinha para fazer.

Muitos companheiros pensavam em vingança, em vingar a morte do companheiro. Mas a gente dizia que não. Vingança, não! A gente tinha que marchar era com a luta dele, continuar a luta dele no campo, até chegar o dia de vencer.

A reação foi grande, não apenas no campo. Os companheiros do Partido lamentaram muito a perda de João Pedro. Eles iam muito lá em casa. Estivadores, metalúrgicos, bancários, estudantes, companheiros de vários estados, companheiros até de São Paulo, todos lamentando muito a perda do companheiro.

Mas eu nunca cheguei a fazer parte do Partido. Eu nunca entrei no Partido, não.

Para falar a verdade, eu tinha, assim, uma cisma do Partido Comunista. Quando eu era garota, meu padrinho sempre contava muitas barbaridades do regime comunista. Mas João Pedro, às vezes, explicava-me umas tantas coisas sobre a Rússia. Ele chegou a botar o nome de Lenine num dos meninos, o que ficou com meu irmão, que não quis esse nome e mudou para José Eudes.

Eu sempre fiquei com aquela cisma e não chegava a mim que eu me filiasse ao Partido. Eu achava que, continuando a luta de João Pedro, defendendo a luta camponesa, isso é que era importante, e não o Partido.

Todo final de mês, a gente fazia um ato público, na frente da Liga, para denunciar as violências que se passavam no campo. E ali a gente recebia a solidariedade de advogados da cidade, de estudantes... Vinham pessoas de João Pessoa, Campina Grande, Guarabira, eram companheiros da cidade que vinham dar sua solidariedade ao homem do campo. Lembro-me de Lúcio Rabelo, ele era bancário, trabalhava em Campina Grande e era do Partido. Ele ficou preso no Grupamento de Engenharia, quando eu também me encontrava presa lá. Lembro-me de Assis Lemos, do doutor Bento da Gama, do doutor Leonardo Leal, um dentista que também era do Partido Comunista. Todos esses companheiros sempre deram muito apoio, comparecendo aos atos públicos ou ajudando os companheiros que eram perseguidos, violentados, espancados. O Partido sempre ajudou muito, mas eu nunca me filiei.

Mesmo o Julião, ele veio várias vezes a Sapé para participar dos atos públicos, mas eu não tinha, assim, um contato maior com ele, porque meu trabalho era na Paraíba, e o dele era lá em Pernambuco, como advogado. Julião vinha quando havia qualquer camponês violentado, quando havia uma violência, no campo, e era preciso da solidariedade, de se fazer um ato público para denunciar o que estava acontecendo, então Julião vinha.

SE TINHA QUE IR, EU IA

Eu fui presidente da Liga Camponesa de 1962 até 1964, e como presidente eu tinha que ir todos os dias à Liga. A Liga pagava um transporte, um jipe, para me levar de manhã e me trazer de tarde. Eu tinha, assim, uma atualidade sobre o dia a dia da Liga. Mesmo que eu não pudesse ir pela manhã, pela tarde eu ia, mas tinha que estar lá, presente, saber dos problemas e entrar no campo, para defender o homem do campo, quando havia desentendimento com o proprietário, tinha que entrar nas fazendas, procurar saber como estavam as relações de trabalho, de ajuda ao companheiro quando estivesse doente e sem poder trabalhar, providenciar atestado de óbito e enterro. Isso tudo era nossa tarefa.

Não era fácil para mim cuidar da casa, da família, de tudo, e ter essa atuação na Liga. Foi uma batalha muito difícil. Houve momentos em minha vida que foram muito difíceis, mesmo antes do golpe. O tiro no menino, e eu fiquei acompanhando ele no hospital, depois a morte da menina, que me deixou quase louca. Eu só consegui levar essa luta para frente porque eu tinha a solidariedade dos companheiros.

Com o assassinato de João Pedro, a solidariedade dos companheiros aumentou em minha casa. Os companheiros não deixavam que minha casa dormisse sozinha, eles faziam guarda de noite, eles deixavam de dormir nas casas deles para vir prestar solidariedade. O roçado continuou plantado até mais do que no tempo de João Pedro. De tudo tinha, o trabalho era feito pelos companheiros sem eu ter que pagar nada, tudo por solidariedade e pelo carinho que eles tinham pela pessoa de João Pedro.

A solidariedade dos companheiros foi uma coisa! O companheiro Manoel Alexandrino, de Maraú, enquanto a minha batata ainda não estava boa de arrancar, ele trazia do roçado dele carga de batata, carga de inhame para minha casa. No tempo da farinhada, eles arrancavam a mandioca, passavam a noite fazendo a sacaria de farinha e, quando amanhecia o dia, a sacaria de farinha estava na minha porta. Tudo isso aí dava muita força, dava coragem para continuar na luta. A companheira Júlia de Mamelu pegava minha roupa todinha e lavava. Depois do assassinato de João Pedro, eu não lavei mais roupa. A comida era feita pela companheira Maria, esposa de Zé Odilon, um negro forte que Julião trouxe lá do Sul para ficar tomando conta do sítio onde eu morava. Maria fazia a comida, dava banho nos meninos, cuidava de tudo. Zé Odilon também foi preso, ficou todo quebrado de tanto apanhar e depois morreu.

Esse companheiro, Manoel Alexandrino, era rendeiro em Maraú. Quando veio o golpe militar e ele teve que fugir com a família, ele foi preso chegando na rodoviária do Rio de Janeiro. Pegaram-no e até hoje se encontra desaparecido. Ninguém deu mais notícias dele.

Sem essa solidariedade dos companheiros e companheiras, eu não tinha conseguido dar conta das tarefas da Liga. Eu tinha que saber a relação de prestação de contas, de entrada, de saída, de pagamento de médico...

Naquele tempo, já se tinha o Samdu [Serviço de Assistência Médica Domiciliar e de Urgência], que foi uma reivindicação das Ligas Camponeses depois da morte de João Pedro. O posto de urgência foi conseguido através de Assis Lemos, que era deputado e também tinha um trabalho nas Ligas Camponesas. Através do presidente João Goulart, ele arranjou o posto de urgência do Samdu para Sapé, para atendimento das famílias dos camponeses. E tudo isso a gente tinha que saber, tinha que providenciar, era muito trabalho. Era uma luta meio pesada, mas estava dando para levar.

A luta que eu achava mais difícil era entrar no campo para entrar em entendimento com os proprietários quando havia algum despejo, gado invadindo as lavouras, cerca botada abaixo. Os patrões não queriam indenizar o trabalhador de maneira nenhuma, e a gente tinha que botar uma banca meio pesada, ir com um grupo grande de camponeses para intimidar o patrão, para ele pagar o direito do trabalhador. A gente chegava com uns duzentos camponeses.

– O senhor paga ou não paga? Paga! Vai pagar! Lavoura é suor, é sangue, e ele não vai deixar a lavoura aí para o senhor. E pode ver aí como o senhor vai decidir pagar, porque se o senhor não pagar, o homem vai ficar morando na terra, fica morando com o direito de colher a lavoura dele e o senhor não vai poder tocar nela, não.

A gente chegava dizendo logo a verdade, então acontecia dele pagar. Aí o companheiro tinha que sair, era combinado um prazo e ele tinha que sair. Tinha proprietário que ficava logo com medo, botava cinco ou seis capangas em volta da casa dele. Havia outros que mandavam os capangas despejar o trabalhador, pegar as panelas velhas e quebrar tudo no meio do terreiro, pegar criação novinha e matar no terreiro, a ordem era acabar com isso, para o trabalhador não voltar mais para dentro da casinha. Aí a gente tinha que procurar um meio de colocar aquela família em outro canto. Era uma situação difícil.

A gente fazia muita reunião dentro das propriedades. A gente tinha aquele grupo de companheiros de maior confiança, então eles iam às fazendas para marcar a reunião com os trabalhadores, com a vizinhança, para se discutir a situação que eles estavam vivendo ali dentro, para combinar o modo de agir e de lutar. Eles ficavam aguardando na maior expectativa.

Os patrões tentavam impedir essas reuniões. Eles diziam que se tentasse entrar na fazenda, morria! Eles tinham grupos de homens armados, mas acontece que a gente também formava um grupo grande de camponeses que, se não tinha arma, era maior na quantidade.

Naquela época, se eu dissesse assim: "Amanhã eu quero mil homens para ir a tal fazenda", chegavam 1.500. E a gente formava um grupo grande, indo de pés, e entrava. Os homens armados ficavam por detrás das barreiras que eles faziam, mas não adiantava de nada, a gente entrava.

Uma vez, em São Miguel, um proprietário passou a semana todinha carregando material para fazer uma barreira para os homens dele se esconderem, armados, aguardando a chegada dos camponeses. A gente chegou, e eles estavam lá, armados, até metralhadora tinha. Mas o nosso grupo era muito maior, e a gente chegou lá e fez o ato público. Isso aparece até na cena do filme *Cabra marcado para morrer*. A barreira estava lá, eles todos armados. Eu peguei o microfone para falar e disse aos companheiros:

– Companheiros, não vamos ter medo das armas deles, não vamos ficar debaixo da cama com medo das armas deles. Eles que fiquem cientes de que nós camponeses estamos aqui para o que der e vier e não estamos com medo das armas deles, não!

Os patrões diziam que os trabalhadores não valiam nada, que não queriam trabalhar, que depois que tiravam a carteirinha da Liga, só queriam mandar nas terras deles. E era muito difícil a gente convencer esses proprietários de que o trabalhador só queria permanecer na terra para trabalhar, para produzir, para ter como sustentar a família.

Eu me lembro que a gente sempre chamava os patrões na Liga para chegar a um entendimento. Alguns deles chegavam brabos, porque patrão nenhum considera o trabalhador, até hoje. Então a gente convocava os proprietários para o entendimento. Quando acontecia de não comparecer, e de que o companheiro estava muito aperreado lá no campo, ameaçado por capanga pela violência, então a gente entrava no campo e ia procurar o patrão lá, na fazenda dele. A diretoria nunca ia sozinha, pois a gente já sabia da violência deles. Se eles estavam armados, a gente levava muitos homens também, para mostrar que a gente não estava só, que não era só a diretoria, que a gente tinha pessoas do nosso lado. Até advogado a gente levava.

Eu continuei a luta de João Pedro, eu continuei a luta no campo, eu nunca me intimidei quando se dizia que tinha grupo de homens armados. Se tinha que ir, eu ia, eu enfrentava, junto com os camponeses, desarmados, mas a gente ia.

Às vezes, eu sentava na mesa para comer e chegavam quatro ou cinco trabalhadores, um problema maior que outro para resolver, e eu não podia comer.

E hoje a situação do homem do campo continua a mesma. Tantos anos se passaram e hoje continua essa mesma luta no campo, do mesmo jeito, é uma coisa incrível, não é? Eu vejo a luta dos companheiros acampados ali, lutando por um pedaço de terra e fico me lembrando do passado, de 1950, 1962, 1964, quando eu atuava no campo, quando via capanga entrar a cavalo pela porta da frente e sair pela porta do fundo, quebrando tudo que tivesse dentro da casa, cortando corda de rede, matando criação, matando cachorro e galinha, e os companheiros tinham que deixar a casa... Acho isso tudo uma coisa muito injusta em nosso país. E continua acontecendo assassinato de companheiros e companheiras, como a nossa querida Margarida Maria Alves, assassinada barbaramente na porta de sua casa. E por quê? Porque ela defendia a causa do trabalhador! Uma causa justa! Até hoje o homem do campo continua sendo explorado, injustiçado, massacrado, violentado. E, se for lutar, é assassinado, assim como foi com João Pedro, com Margarida e outros tantos companheiros pelo país afora. É difícil, é difícil, essa luta é muito difícil.

MINHA CANDIDATURA FOI LANÇADA

Era o ano de 1962. A ideia de eu me candidatar a deputada surgiu através dos companheiros Julião, Adauto Freire e outros amigos que achavam que, como candidata, e se vencesse as eleições, eu teria melhores condições de lutar no campo, eu não poderia ser presa, teria imunidade. Eles achavam que era uma maneira melhor para mim, como mulher, de enfrentar a luta no campo. Justamente foi por isso que surgiu a candidatura pelo Partido Socialista Brasileiro.

Quando os companheiros entenderam de lançar minha candidatura, Assis Lemos também entendeu de ser candidato. Ele não concordava de ser eu a candidata, ele queria que eu apoiasse a dele. Eu ainda falei para o Julião e para as pessoas que ficavam em volta do Julião que eu não queria a minha candidatura e que ficava com Assis Lemos.

– Não, companheira, você não pode fazer isso, você tem que ser candidata, você vai precisar enfrentar muitas coisas e você, como deputada, tudo vai ser melhor.

Eu me candidatei, mas sempre assim, desconfiada. Então ficamos os dois, vamos lutar os dois.

Nós entramos na campanha, nós fazíamos comícios nas cidades, no interior, onde podia a gente fazia comício no campo. Foi o tempo em que vieram as eleições, eu não ganhei, mas o Assis ganhou.

Acho que eu fui muito radical naqueles comícios. Eu subia nos palanques e dizia que queria ver a cabeça de fulano no poste, as cabeças de A, de B, de C. Eu citava os nomes de cada um, eu denunciava as mortes que eles tinham encomendado, eu desabafava mesmo.

Quando passou a eleição, o delegado de Sapé quis me processar pelo que eu tinha dito na campanha. O advogado Bento da Gama me acompanhou. Ele foi muito temeroso de que eu ia ser processada mesmo. Quando chegamos à delegacia e que o delegado falou para mim que eu ia ser processada pelo que tinha dito na campanha, eu disse o seguinte:

– O senhor pode me processar. Agora, o senhor não vai processar só a mim não, viu, delegado! O senhor vai mandar chamar o senhor Joacil de Brito pelo que ele disse do meu marido, que até panfletos ele espalhou dizendo que João Pedro Teixeira era assassino. Se Joacil de Brito provar aqui que João Pedro matou alguém, se ele trouxer alguma prova do que ele espalhou, se ele justificar o que disse e escreveu, então, o senhor pode me processar. Eu poderei ser processada, mas o senhor vai ter que chamar muita gente à responsabilidade.

Cadê que ele mandou chamar o Joacil? Ele fechou a cara e disse que eu podia sair de lá que ele não queria mais me ouvir. O doutor Bento da Gama bateu no meu ombro e disse que não acreditava que eu ia me safar dessa.

SEJA DIGNO, SARGENTO!

Quando eu aceitei ficar no lugar de João Pedro, na presidência da Liga, eu disse que continuaria a luta dele, mesmo com a perda da própria vida. E eu lutei, e sofri ameaças, prisões, agressões... Quantas vezes, eu tive que passar por uma fila de soldados, de um lado e do outro, já com ordem de prisão, e eles atiravam nos meus pés... mas eu não baixava a cabeça e ainda dizia:

— Esta é mais uma covardia de vocês, atiraram e mataram João Pedro, hoje atiram nos meus pés porque eu estou no lugar dele.

Eu sofri muita repressão por parte da polícia. Uma vez eles chegaram, eram 18 policiais, eles foram me prender por causa de um conflito que houve numa fazenda e eles foram me prender na minha casa. Eu estava cuidando do meu menino Zé Eudes que estava doente e chegou a ficar um mês internado na Clínica João Soares, em Cruz das Armas. Eu sei que eu estava cuidando do menino quando chegaram os policiais para me levar presa.

— Eu não posso ir porque estou medicando meu menino que está doente!

Aí o sargento disse:

— A senhora vai, queira ou não queira. Deixa tudo aí e vai!

Os carros estavam parados na frente da minha casa. Quando eu saí no terreiro da casa, eu ainda disse:
— Essa é mais uma prova da covardia da polícia. Assassinaram meu marido e hoje vêm me prender. Vejam quantos policiais estão aqui para prender uma mulher!

O sargento mandou que eu subisse na cabine da caminhonete. Mas lá dentro já estavam o soldado que estava dirigindo e um outro soldado. Aí eu olhei bem para o sargento e disse:
— Deixe de ser covarde! Seja digno, sargento! O senhor quer que eu suba para sentar nas pernas de quem aí dentro? O senhor mandando que eu suba para sentar-me nas pernas do senhor ou do soldado?

Ele deu ordem para o soldado descer e eu subi. Ele veio na carroceria.

Chegando a Sapé, eles rodaram a cidade todinha, comigo lá dentro, que era para o povo de Sapé ver que eu estava ali, no poder deles, que eu estava presa.

João Alfredo tomou logo conhecimento da minha prisão e chamou os advogados da Liga. Quando eu cheguei na chefatura de polícia, o doutor Santa Cruz e o doutor José Gomes já estavam presentes.

Eu sofri muita repressão deles, mas nunca chegou o momento para renunciar, para desistir de lutar. Quantas vezes me agrediram com palavras, que eu era uma mulher, que não tinha vergonha, que deixava os filhos em casa e saía comandando um grupo de homens. Mas eu sempre tinha uma resposta para dar a eles, e continuava a luta. Quando eu decidi protestar contra o assassinato de João Pedro, quando eu decidi continuar a luta dele, eu decidi mesmo, com força. Não tinha jamais quem me fizesse desistir. Houve até ocasião de usineiro chegar na minha casa, pegar minha mão, arrochar e dizer: "Muda, Elizabeth, muda!". Esse usineiro foi Luís Ribeiro Coutinho. E no dia seguinte, ele mandou um peão me dizer que eu teria tudo, casa, carro, dinheiro, colégio para os meus filhos, se eu renunciasse. Mas eu continuei lutando ao lado dos meus companheiros, ao lado dos camponeses, na luta dos camponeses.

Certa ocasião, meu pai veio oferecer a mim um terreno, carro, dizendo até que eu não trabalharia mais, que ficaria somente sentada numa cadeira de balanço, que teria quem me fizesse tudo se eu desistisse. Eu lhe respondi que não era paralítica, não. Papai ainda falou o seguinte, que me daria tudo aquilo, mas que eu deveria vir para a rádio e dizer que João Pedro tinha sido morto por ladrão. Eu me revoltei e lhe disse: "O assassinato dele foi a maior covardia do Brasil! O mundo inteiro tomou conhecimento de quem foi o mandante deste crime, de quem tinha mandado matar João Pedro e depois eu vir para rádio dizer que ele tinha sido morto por ladrão? Dar cobertura aos criminosos? Aos mandantes?"

Depois disso, eu cortei relações com meu pai. Se eu fizesse isso, eu seria a mulher mais covarde do mundo, seria a maior desmoralização, seria esquecer tudo o que eu sabia, esquecer-me dos capangas rondando nossa casa. Quantas pessoas não chegaram para dizer para João Pedro que eles iam tirar a vida dele? Eu não quis mais saber de meu pai.

O NÚMERO DE ASSOCIADOS DOBROU

A Liga Camponesa de Sapé foi a maior da Paraíba e do Nordeste. Quando a Liga de Sapé se formou, não eram apenas os camponeses de Sapé, vinham camponeses de vários municípios: Pilar, Cruz do Espírito Santo, Mari, Pedras de Fogo, São Miguel... Tomando conhecimento que a Liga era uma associação de defesa deles, eles então vinham. Hoje é diferente, porque hoje tem o sindicato rural. Naquele tempo, não tinha nada. Quando a Liga foi fundada, ela cresceu muito porque não tinha outro órgão de defesa do homem do campo. Com o tempo, foi-se vendo a necessidade de fundar outras Ligas e, assim, fundaram-se as Ligas de Santa Rita, de Mari, de Mamanguape.

Quando os latifundiários assassinaram João Pedro, eles pensaram uma coisa e deu outra. Eles pensaram que, com a morte de João Pedro, a coisa ia morrer, que os trabalhadores iam se intimidar, que a luta ia ser enterrada junto com João Pedro. Mas foi o contrário. Os homens do campo se fortaleceram, aqueles que ainda não eram associados vinham se associar, e com isso a Liga cresceu extraordinariamente. Esta foi uma prova de que eles não recuaram na luta. Quando João Pedro morreu, tinha 7 mil e poucos associados; dois anos depois, já eram mais de 16 mil. Isso fez medo aos latifundiários, o tiro saiu pela culatra. Mas o medo era também dos políticos, por isso eles deram o golpe de 1964.

A coisa que os proprietários mais tinham ódio era ver tantos camponeses nos dias de ato público. Eles tinham um ódio terrível de ver todos aqueles trabalhadores na rua, ali, na frente da Liga. Muitos companheiros que vinham participar, no domingo, eram botados para fora da fazenda na segunda--feira. Os proprietários botavam para fora, mandavam dar pisa, ameaçavam, era uma miséria.

Naquele tempo, a gente foi muito perseguida pela Igreja. A gente achava isso terrível. A Igreja nos combatendo e nos acusando de comunistas. Os sindicatos que eram fundados na região eram com o objetivo de combater as Ligas.

Quando assassinaram João Pedro e eu fui falar com o padre de Sapé para ele realizar uma missa, ele não se apresentou a mim, não. Ele tinha a família Teixeira como se fosse Satanás, simplesmente porque João Pedro fundou a Liga Camponesa com a intenção de combater a miséria no campo. Naquela época, a Igreja perseguiu muito as Ligas, em todo canto. Com exceção de alguns poucos padres, eles eram contra a gente. Ave Maria! Quando se falava em Liga Camponesa para a Igreja, era como se fosse o maior bicho-papão, era comunista, comia gente, era agitador, queria tomar o que era alheio.

Hoje, eu vejo que a atitude da Igreja mudou muito. Hoje a Igreja está do nosso lado. Dom José Maria Pires pregando a reforma agrária, dando solidariedade aos camponeses, defendendo o homem do campo. A Igreja mudou muito não só aqui na Paraíba, em Pernambuco, mas em outras partes do Brasil. Em São Paulo, nas periferias, lutando com o povo humilde.

Naquele tempo, quando a gente fazia um ato público para denunciar todas aquelas injustiças, a Igreja ficava contra. Quando o camponês ia lá para batizar seu filho, para casar, ou simplesmente entrar em contato com o padre, ele perguntava logo se era sócio da Liga Camponesa. Se dissesse que sim, ele ia logo dizendo para não participar mais dos atos públicos, para se afastar. Eu sei que muitos companheiros, que também frequentavam o "sindicato do padre" contavam que eles pediam para que ninguém participasse de nenhum movimento da Liga Camponesa, pois ali só tinha comunista. Fala-se muito que, naquele tempo, havia invasão de terra. Mas não houve, não! Eu não tinha conhecimento de invasão de terras. O que acontecia era proprietários não quererem dar um pedacinho de terra para o morador trabalhar, sendo que ele já vinha de anos com o direito de plantar um roçado seu dentro da propriedade. Quando o proprietário dizia que o trabalhador não podia mais plantar seu roçado, começava o conflito. Os proprietários faziam isso quando tomavam conhecimento que o trabalhador tinha se associado à Liga. Era uma forma de botar o trabalhador para fora da propriedade. Como os proprietários não tinham outro motivo, eles criavam esse. Mas como o trabalhador dependia daquele roçado para sobreviver, como ele precisava plantar, então se reunia um grupo de 10, 12, 15 trabalhadores, que iam com suas enxadas, com suas foices, semente, e limpavam aquele pedaço de terra e plantavam naquele lugar que eles estavam acostumados a plantar. Se invadir terra, plantar, então, essas invasões foram feitas. Hoje em dia, os camponeses não podem nem mais fazer isso, porque a terra está toda coberta de cana, quase já não existem mais moradores dentro das propriedades, pois eles foram jogados nas pontas de ruas. Se não tivesse tido o golpe militar, a situação do homem do campo podia ser outra. As Ligas eram muito grandes, elas eram uma força.

Os companheiros, um ajudava o outro. Eu mesma morava lá no sítio que foi de meu pai, mas ele vendeu somente para nos tirar de lá. Veio um mandado de despejo, a gente impetrou um mandado contra o despejo, depois veio um mandado para que não se plantasse nada, a gente plantava. Chegavam 10, 15, 30 companheiros do campo, plantavam e, no dia seguinte, amanhecia a lavoura toda plantada. Na hora da limpa, os companheiros vinham de novo. A gente resistindo, morando e plantando, e a questão rolando. Enquanto ele não indenizasse, a gente não saía de lá. Era isso o que a Liga pregava. O proprietário podia até mandar o trabalhador para fora de sua propriedade, mas tinha que indenizar. Enquanto isso não acontecia, o homem continuava morando e trabalhando na terra. Já no final, eles estavam vendo que os camponeses estavam unidos, que o homem do campo estava sendo uma força, e eles ficavam assim, até sem poder fazer nada. Foi quando veio o golpe militar e fez todo tipo de miséria.

O USO DO CHOCALHO

A organização do homem do campo estava crescendo e isso fazia medo aos proprietários. Agora, eu quero dizer que o chocalho apareceu depois do assassinato de João Pedro. Enquanto ele atuou, não houve chocalho, mas com o assassinato dele, a massa ficou em desespero, a massa queria partir para coisas mais difíceis, a massa do campo não se conformava. Então, partiu-se para muitas coisas, para o chocalho, para o desespero, houve fogo nas palhas das canas... Eu não sei nem dizer como apareceu a história do chocalho. Eu só sei dizer que, quando a massa sabia de um trabalhador que era bajulador do patrão, os camponeses iam atrás dele, amarravam um chocalho no pescoço dele e faziam-no dar vivas à Liga Camponesa.

Esse foi um jeito que a massa arrumou para mostrar o seu desespero, e só não partiram para coisas ainda mais agressivas porque eu não concordava. Eles chegavam em minha casa, 200, 300 companheiros dispostos ao que desse e viesse. Eu pedia a eles, vamos ter calma, companheiros, vamos lutar, vamos nos organizar para a vitória, para uma vitória geral, mas sem violência, nós queremos é a vitória da nossa luta e essa violência não vai ajudar em nada. Mas a massa estava em desespero, inconformada com o assassinato de João Pedro, inconformada com a falta de justiça. Foi depois disso que o homem do campo partiu para o chocalho e era muito difícil para a gente controlar. Nas passeatas, todos iam para a estrada, tudo com foice e enxada na mão, para topar o que viesse pela frente.

Naquela época, se eu tivesse dado uma ordem, se a gente tivesse partido para coisas mais agressivas e mais fortes, a massa tinha ido. O homem do campo estava se sentindo com força e organizado. Mas eu dizia:
– A nossa luta não é luta de matar latifundiário. A gente vai tomar o poder conscientizando e organizando o homem do campo.

Era isso o que eu falava para os companheiros. Mas, na realidade, eles se sentiam fortes. Para se ter uma ideia, uma vez a gente vinha voltando de Lagoa Preta, aí a gente viu a polícia, era um grupo de uns 15 policiais, tudo de fuzil. Vejam como o povo estava naquele tempo, quando eles avistaram a polícia, em vez de recuar, correu todo mundo para cima da polícia, tudo de uma vez, como uma boiada de gado. A polícia estava armada de fuzil, mas quando ela viu aquela massa de camponeses partindo para cima dela, e ela ficou cercada, sem ação, eles afrouxaram.

Teve um deles que tremia, dizendo:
– Não, menino, a gente não veio contra vocês, não! Viemos a favor de vocês, para não haver violência.

O campo ficou revoltado com a morte de João Pedro, eles não se conformavam com aquilo. Ele foi a pessoa que deu início à luta dos trabalhadores pelos direitos deles. Ninguém, naquele tempo, falava em direitos. João Pedro foi a primeira pessoa que veio trazendo conhecimento desses direitos para o homem do campo. Os camponeses tinham confiança nele, ele ia na frente, e os companheiros confiavam na liderança dele.

Bem, na hora que assassinaram João Pedro, aí a revolta só podia ser grande, ninguém podia se conformar com isso. Ah! uma outra coisa: depois do assassinato de João Pedro, a situação no campo ficou pior, a repressão aumentou, os proprietários ficaram doidos porque o número de associados na Liga cresceu muito, tanto que colocaram um coronel dentro de Sapé, coronel Luiz de Barros, com um contingente de policiais para bater em camponês, para massacrar camponês, mesmo antes do golpe militar. Foi até construído um quartel de polícia lá em Sapé.

A polícia agia a mando dos latifundiários, do Grupo da Várzea, que era liderado por Agnaldo Veloso Borges. Houve dia de eu sair de ambulância de dentro da sede da Liga, quando fui avisada que a polícia vinha chegando para me prender. Eu fugi pela porta dos fundos, fiquei na casa do vizinho, e só consegui escapar fugindo na ambulância do Samdu.

ASSIM EU FUI PARA GALILEIA

O golpe militar de 1964 aconteceu quando eu estava no Engenho Galileia, fazendo o filme *Cabra marcado para morrer*. Logo depois do assassinato de João Pedro, a gente fez um ato público, de protesto, dentro de Sapé. Justamente nesta ocasião, o Eduardo Coutinho, diretor do filme, entra na sede da Liga, junto com outros companheiros dele me procurando para conversar.

Nesta ocasião, ele filmou esse ato público, minha casa, meus filhos, todos vestidos de preto, que era o costume a gente usar o luto fechado. Depois disso, não avistei mais o Coutinho.

Quando foi em dias de janeiro de 1964, ele chegou novamente em minha casa e disse que tinha o desejo de fazer um filme para anunciar o assassinato de João Pedro e gostaria da minha participação nesse filme. Eu falei para ele que era muito difícil para mim, porque eu tinha muitos filhos para cuidar e como presidente da Liga era muito difícil eu ter tempo para participar do filme, que eu, somente de minha pessoa, não podia decidir, pois eu tinha que, como presidente, entrar em contato com a diretoria. Nós fomos à sede da Liga, o Coutinho estava presente, e a diretoria concordou que eu fosse participar da filmagem, porque era mais uma forma de protestar pela morte de João Pedro. Esse filme era a história, a vida de João Pedro e da família Teixeira. E ali se acertou tudo.

Eduardo Coutinho voltou duas semanas depois dizendo que já tinha vindo aqui em João Pessoa, que já tinha entrado em contato com o governo daqui e que já estava certo de se filmar lá mesmo no município de Sapé. Mas aí aconteceu um conflito em Mari e morreram 11 pessoas, entre capangas, camponeses e polícia. Isso foi uma revolta dentro de Sapé. Contingentes de polícia por todos os becos, pelas estradas, reforços e mais reforços de policiais. Mari e Sapé ficaram como se estivesse em pé de guerra. Aí o governo não aceitou de maneira nenhuma que se fizesse o filme nem mesmo dentro do estado da Paraíba. O Coutinho ficou com ar de louco porque ele queria filmar ali, com os próprios camponeses de Sapé, sendo eles mesmos os atores.

Dias depois, ele passa lá em casa dizendo que tudo tinha ficado muito difícil e que ele ia para Pernambuco. Chegando lá, ele entrou em contato com o governo Miguel Arraes, que concordou que ele fosse filmar no Engenho Galileia, que tinha acabado de ser desapropriado pela luta do homem do campo.

Ele voltou até minha casa e me comunicou que estava tudo arranjado para começar as filmagens, que Arraes ia dar uma ajuda com carro, com transporte e com comida. Eu só lhe perguntei se era muito longe. Ele me disse que eu podia vir em casa de oito em oito dias e que se acontecesse uma necessidade, eu podia vir no meio da semana.

Assim, eu fui para Galileia. Lá começaram as filmagens. Era muito difícil, eu não entendia nada. Filmar é um trabalho muito difícil. Repete não sei quantas vezes aquelas cenas, vai para lá, vem para cá. Tinha momentos que eu não me sentia feliz. Primeiro, porque eu vivia ainda em desespero, a vida era um desespero, tanto filho... Não era fácil para mim. Às vezes, ele olhava para mim e achava que eu estava com dificuldade de estar repetindo aquelas cenas. Mas ele, com muita paciência, Coutinho é uma pessoa extraordinária, estava conseguindo fazer filmagens.

Em Galileia, a gente recebia muitas visitas, quase todos os dias. Arraes, os secretários dele, era Gregório Bezerra, eu fui até entrevistada por um francês, um argentino. Eu sei que foram muitos.

Um dia, quando a gente estava no meio do trabalho de filmagem, aconteceu o golpe militar de 1964.

Nós fomos avisados por um companheiro, camponês, que o Exército já vinha à nossa procura. A gente deixou tudo para trás, roupas, calçados, material do filme, saímos todos com a roupa velha que a gente estava filmando e entramos numa mata. Passamos a noite nessa mata. No outro dia, decidimos sair, mas sem voltar para Galileia, porque o Exército já estava lá. Por dentro da mata, nós chegamos até a estrada. Os camponeses que estavam com a gente conheciam tudo ali. Tomamos um ônibus e chegamos a Recife. Lá, cada um procurou um abrigo. Eu me escondi na casa de um parente do Vladimir de Carvalho. Quando o parente soube quem era eu, disse que, naquele dia mesmo, o Vladimir tinha que me tirar de lá, que ele não queria minha presença na casa dele.

Vladimir de Carvalho era o assessor do filme. Ele ficou com ar de doido, ele não sabia onde me esconder; para Paraíba, eu não podia voltar... foi então que eu lhe disse:

– Olhe, Vladimir, eu já morei em Jaboatão e tenho vizinhos que são amigos. Se der para você ir comigo, eu penso que vou poder ficar por lá alguns dias.

Quando cheguei, eu fiquei escondida na casa de um deles, mas eles estavam com muito medo e me pediram para não mostrar minha cara para ninguém. Passei um mês do quarto para o banheiro; do banheiro para o quarto. Eu não vinha na sala, nem cozinha, comia lá no quarto. Ele comprava o jornal todos os dias. Um dia, eu vi meu nome num edital de convocação, convocando meu nome para comparecer no quartel. Eu só pensava nos meus filhos: "Meu Deus, o que será deles, estão vivos? Estão mortos?".

Eu soube que quando houve o golpe, a polícia foi lá em casa à minha procura. Como eu não estava, eles botaram fogo em tudo. Prenderam Zé Odilon, um preto bem alto, que antes de morar lá em casa, vivia no Sul. Julião trouxe ele para morar lá em casa, que era um casarão muito grande. Ele cuidava do roçado e também servia de segurança. A mulher dele me ajudava a tomar conta dos meninos quando tinha que sair ou viajar. Assim que aconteceu o golpe e que a polícia foi à minha procura, prenderam Zé Odilon. Na delegacia de Sapé, ele foi torturado, quebraram seus braços, ele foi muito torturado. Eu soube que depois ele morreu.

Eu estava desesperada para ter notícias dos meus filhos. Então eu decidi vir direto para João Pessoa e me apresentar, antes que a polícia me achasse, porque eu achava que seria muito pior. Se fosse hoje, eu não faria isso de novo.

SE QUISEREM ME MATAR, QUE ME MATEM AQUI!

Antes de tentar ir para Sapé, eu fui diretamente para o Grupamento de Engenharia e me apresentei. No momento em que eu cheguei, não tive nem o gosto de falar com o guarda do dia, fui logo presa pelas costas, metralhadora apontada na minha cabeça e jogada dentro da cela da prisão. Depois de três dias que eu estava lá foi que começou o interrogatório. Eles me apanhavam e me levavam para o escritório do major Aquino. Isso podia ser de noite ou de dia. O depoimento podia ser de madrugada, de meia-noite ou de meio-dia.

Apesar de tudo, parece que Deus me encaminhou para o Grupamento, porque se eu tivesse ido para o outro quartel, o 15-RI [Regimento de Infantaria], a minha situação tinha sido pior, pois era o major Cordeiro o responsável pelos inquéritos. No Quinze, sumiram os companheiros João Alfredo e Pedro Fazendeiro. Nunca ninguém me deu notícias deles. Depois eu fiquei sabendo que o 15-RI estava ansioso para me pegar.

Fiquei presa durante três meses e 24 dias, mas o major Aquino não encontrou motivo para me enquadrar na lei, porque tudo quanto eu fazia era em protesto contra o assassinato do meu marido e em protesto contra a violência no campo. Se eu respondi muitas vezes para a polícia, se eu chamei várias vezes a polícia de covarde, foi porque ela era covarde mesmo, pois tinha sido a própria polícia quem tinha assassinado João Pedro. Eu sei que o major Aquino não conseguiu ou não quis me enquadrar em nada e me botou em liberdade.

Quando o major Aquino me liberou, ele falou que eu não saísse de pés pelas ruas de João Pessoa, que eu não tomasse ônibus, que ele estava me liberando, mas o Quinze podia me prender no momento em que me visse na rua.

– Mas, major, eu não tenho nem um tostão, eu não tenho como sair daqui, o que é que eu vou fazer?

– Eu nada poderei fazer por você. A única coisa que posso fazer é levar você até o ponto de táxi dentro da ambulância do hospital do Grupamento de Engenharia.

– Eu só posso lhe agradecer.

Eram 4 horas da manhã, o dia ainda não tinha clareado quando saí na ambulância até o ponto de táxi. Daí, fui direto para casa de meu pai.

Quando tomaram conhecimento de que eu estava lá, os proprietários se uniram e foram armados para me matar, dentro da casa de meu pai. Eles entraram e começaram a me procurar dentro da casa. Eu estava num dos quartos, junto com minha mãe. Quando ela percebeu o movimento todo, ela suplicou que eles não atirassem em mim dentro da casa dela. Eles então mandaram que eu saísse lá para fora da casa.

– Daqui eu não saio. Se quiserem me matar, que me matem aqui. Esta será mais uma das covardias que vocês costumam fazer.

Eles se retiraram, mas foram direto à polícia dizer que eu estava na casa de meu pai, dizendo que eles não admitiam de jeito nenhum que meu pai aceitasse na casa dele uma comunista, que andava acompanhada de um bocado de homens fazendo agitação no campo.

Não demorou muito e a polícia chegou à casa de meu pai. Eles cercaram a casa e ameaçavam invadir. Eu não tinha outra coisa a fazer senão me humilhar e pedir a ele que, pelo amor de Deus, não me deixasse ser presa pelo coronel Luiz de Barros e do policiamento que estava ao lado dele.

– Papai, o senhor, como amigo dos usineiros, amigo da polícia, pelo amor de Deus, meu pai, não deixe que eles me levem.

Eu estava doente. Durante os meses de prisão, fiquei com uma disenteria muito forte, estava fraca, muito fraca mesmo. Foi então que meu pai falou com o coronel e teve que assinar uns papéis dizendo que se responsabilizava por mim. O coronel Luiz disse também que estava ali a mando do coronel Cordeiro, do 15-RI.

Quando eles saíram, eu fiquei pensando: "O que é que vou fazer da minha vida?". Pensei em me suicidar. Pensei em entrar no depósito do meu pai e pegar uma corda para me enforcar. Mas quando eu olhava meus dois filhos menores que estavam ali em casa de papai...

Meus filhos já estavam todos divididos, uns em casa de meus tios, outros com meus irmãos. No tempo que eu fiquei presa, e que o casal de companheiros que morava lá em casa também foi preso, sendo que Zé Odilon acabou morrendo, não tinha quem tomasse conta dos meninos. Nesse período, ficou tudo abandonado lá no sítio, as crianças morrendo de fome, meu pai então foi lá buscar os meninos e dividiu eles com meus irmãos.

Minha filha, Maria José, conta que a polícia chegou lá em minha casa para queimar tudo. Levaram tambores de gasolina em cima de uma caminhonete, para incendiar a casa, com tudo o que tivesse dentro, até os meus filhos. Não me encontrando, eles começaram a discutir se queimavam a garotada assim mesmo. Tudo isso na frente das crianças. Eu pensava em tudo isso quando meu irmão caçula chegou. Eu conversei com ele e expliquei a minha situação.

– Eu queria que você conseguisse um carro para eu sair daqui, amanhã, às 4 horas da manhã.

– Só que no meu carro, não. Eu não vou cair numa dessa, porque eu vou me responsabilizar e vai ficar muito ruim para você também. Mas eu vou pensar.

Mais tarde, ele chegou dizendo que tinha arranjado um motorista que iria me tirar dali no dia seguinte, antes do clarear do dia.

Eu não podia sair de roupa preta, como eu sempre andava vestida depois da morte de João Pedro, porque estava muito manjada. Consegui então uma roupa estampada, era uma saia comprida de chita, uma blusa de manga comprida e um pano amarrado na cabeça. Levei comigo meu filho Carlos, cheguei até João Pessoa e entrei em contato com meu filho Abraão.

DECIDI QUE EU IA VIVER

Nesse tempo, Carlos tinha 6 anos. Eu o trouxe comigo porque ele foi rejeitado pela minha família. Meu pai dizia que não queria o Carlos lá na casa dele porque ele era a cara do pai, o retrato do João Pedro Teixeira, e ele não queria nem se lembrar da cara do safado comunista do pai dele. Minha irmã também disse que não queria aquele menino com ela de jeito nenhum, que já tinha três filhas e que não ia ficar com o menino. O marido dela, João Ramalho, gritou na minha cara que eu podia procurar a quem dar o menino, que eu podia fazer dele o que quisesse, que eu encontrasse alguém que criasse aquele menino que era a cara do comunista do pai dele.

Carlos foi rejeitado, e ele se lembra de tudo isso. Várias vezes, ele falou para mim:

– Eu, sendo a senhora, deixava aquele povo para lá, não queria nem tomar conhecimento da existência deles. Eu me lembro de uma vez que eu fui tirar uma laranja do pé, atrás da casa, que estava todo carregado. Quando o velho seu pai passou, ele disse: "Cabra safado! Eu não quero você aqui dentro de minha casa, não quero!".

Eu sofri demais por ver meu filho rejeitado por minha família. Meu desespero foi tão grande que eu cheguei a ficar no meio da estrada, eu e ele, para um carro passar por cima de mim e por cima dele. Mas ele se agarrou na minha saia e começou a chorar. Ele tinha nascido em 1958, ele só tinha seis anos. Nesse momento, eu me abracei com ele e decidi que eu ia viver e que ele ficaria comigo. Fui para João Pessoa e procurei meu filho Abraão. Nesse tempo, Abraão estudava em João Pessoa. Ele tinha conseguido uma bolsa de estudos. Pedi, então, a Abraão que comprasse uma passagem de ônibus com destino a Recife, com o nome de Luíza. Eu sabia que tinha que ser a última a chegar ao ônibus, que eu não podia me arriscar a ficar por ali. Não deixei Abraão me acompanhar. Chorando muito, eu e ele, a gente se despediu.

Depois eu soube que, nesse mesmo dia em que viajei, as casas de meu pai e de meu irmão foram invadidas pelo Exército, que estava à minha procura. Papai estava certo de que eu tinha vindo para João Pessoa, para me apresentar, pois foi isso o que eu disse a ele na hora de sair. Ele não sabia que eu tinha ido para Recife.

Antes de chegar a Recife, eu saltei do ônibus. Eu sabia que, se chegasse até a rodoviária, eu podia ser presa novamente. Fui direto para casa de uns companheiros, que antes eu ia lá, mas eles estavam assombrados, a mulher dele tinha abortado, eles estavam com medo e me disseram que a situação estava muito difícil.

Sem ter onde ficar, sabendo que a situação em Pernambuco estava igual ou pior que na Paraíba, eu não tinha outra escolha. Foi, então, que eu conheci um caminhoneiro que trazia mercadorias do Rio Grande do Norte para o mercado São José, no centro de Recife, e estava voltando. Eu o conheci por intermédio da mulher desse companheiro, que ela era riograndense. Anos depois, em 1985, eu fui

até a casa desses companheiros de Recife, com a deputada Leila Abreu, e soube que a mulher dele tinha morrido de parto, ele estava numa cadeira de rodas, paralítico e com uma perna cortada. Quando esse caminhoneiro chegou, ele me viu chorando e perguntou o que era. A companheira disse que eu era uma empregada doméstica, que estava com esse filho e que os patrões não aceitavam mais que eu trabalhasse na casa por causa do menino. Ele, então, perguntou:
– Ela tem coragem de trabalhar apanhando feijão? Lá na fazenda de Jaques Clementino de Medeiros, o feijão está se perdendo.

Essa companheira conhecia a tal fazenda porque o pai dela tinha sido morador de lá. Ela então lhe disse:
– Sei não! Fale com ela e conte as condições de trabalho lá.
– O serviço é apanhar feijão. De manhã tem coalhada, ao meio-dia tem feijão-macáçar com torresmo de porco e de noite tem batata com coalhada.

Eu estava pensando em ir para a Bahia. Mas como é que eu podia ir somente com a roupa do corpo? Papai não me deu dinheiro, não deu nada. Eu estava só com a roupa em cima do couro e o Carlos também.
– Eu vou! Coragem para trabalhar, eu tenho!

Fui para lá viver apanhando feijão no campo. Trabalhava o dia inteiro, e quando chegava de noite só tinha uma redinha para dormir. Não tinha roupa para trocar. Foi difícil, eu sofri muito.

Meu menino me acompanhava. Eu ia para o roçado, e ele ia comigo, ficava debaixo de um pé de pau, comia do que eu comia. Logo depois, o velho o chamou para pastorear umas vacas de leite. Com 6 anos, ele começou a trabalhar.

Quando a safra terminou, não dava mais para ficar na fazenda, aí a gente foi morar em São Rafael, no mesmo município onde ficava a fazenda. Quando a gente chegou à cidade, Carlos já tinha completado 7 anos. Ele trabalhava vendendo água na rua. Tinha que buscar a água no rio e botar dentro das casas. Com isso, ele me ajudava arranjando um dinheirinho. Com 8 anos ele foi vender merenda na escola estadual. De dia funcionava o primário e, de noite, o ginásio. Carlos vendia os bolinhos que uma senhora fazia. Ele acostumou-se tanto a vender que hoje ele vive de um pequeno comércio em Mossoró. Ele e a mulher dele vendem carvão.

EU ASSINAVA MARTA MARIA DA COSTA

A vida em São Rafael não foi fácil. Eu não conhecia ninguém, eu não tinha nenhuma pessoa amiga, nenhum conhecido. Quando cheguei, fui direto trabalhar no campo para o proprietário Jaques Clementino de Medeiros, apanhando feijão. Quando terminou a safra do feijão, veio a da batata, que é plantada nas vazantes do rio Piranhas. Depois que terminou a safra da batata, parou todo o serviço. Eu ainda fiquei por ali, passando fome ao lado do meu filho. Foi quando eu me aproximei de uma pedreira que tinha ali por perto. Entrei em contato com o gerente desta pedreira e ele propôs me levar para morar em São Rafael, para trabalhar na casa dele, ajudando a mulher dele, que estava internada no hospital por causa de uma infecção pulmonar. Eu aceitei a proposta e fui trabalhar como doméstica. Meu serviço era tomar conta da casa e lavar roupa. Eu lavava roupa no rio Açu, não só a dela, mas de outras pessoas também, como do motorista da pedreira, seu Zé Granito, do fiscal da firma, seu Chico. No final do mês, eu recebia o dinheiro, que dava para pagar o aluguel do quarto e fazer uma feirinha.

Logo depois que eu cheguei, fiz amizade com as vizinhas. Muitas vezes, quando eu não tinha dinheiro para feira, não tinha o que comer, eu recebia um prato de comida, um copo de suco. Elas me ajudaram muito. Tiquinha, que era mulher do companheiro Expedito, Carminha, que era a mulher do Chico Campelo, dono do bar de onde eu também lavava a roupa. No dia em que eu lavava a roupa, elas davam almoço para mim e para o menino. Mas quando eu estava sem dinheiro, elas me davam o prato de comida também.

Depois de alguns anos nessa vida, eu adoeci, fiquei em cima de uma rede e sem poder lavar roupa. Mas os vizinhos não me deixaram passar fome.

Uma ocasião, a Siliam, que era uma das vizinhas, chegou e disse: "Olhe, dona Marta" – esse agora era o meu nome – "está havendo aí a campanha para eleições e tem um candidato que é muito rico. Se a senhora chegar até o escritório dele, talvez ele consiga um médico para senhora".

Eu estava com uma infecção e fiquei sem poder urinar e com o intestino muito inchado. Acho que peguei essa infecção lavando roupa no rio, acho que por causa da quentura das pedras do rio. Eu estava muito mal. Então eu decidi ir falar com esse candidato. Para chegar até o escritório desse senhor, que era candidato a prefeito da cidade, tive que parar três vezes no caminho. Eu me sentava na calçada e esperava que as forças chegassem para poder continuar a caminhar.

Chegando lá no escritório, eu disse que queria falar com seu Marques Soares. Eu disse a ele que era de Pernambuco, que como doméstica eu trabalhava nas casas dos patrões e nunca tinha votado, que eu queria tirar o título de eleitor e que queria ter uma assistência por causa do meu estado de saúde.

Ele perguntou por que eu nunca tinha votado.

– Eu nunca me interessei em votar, mas nesse momento eu sou obrigada, porque estou doente e preciso de assistência.

– Está certo, eu vou ajudar a senhora.

Quando eu vim de Pernambuco para o Rio Grande do Norte, eu vim com o nome de Marta para não ser pega pela repressão; para todos, eu era dona Marta. Marta era o nome da minha filha, mas era também um nome muito parecido com mártir, com alguém sofredor, perseguido...

O tal candidato então me mandou preencher uns papéis, que eu assinei com o nome de Marta Maria da Costa, nascida em Pernambuco. Dei também outros nomes de pai e de mãe e mudei a data de nascimento. Depois, ele carimbou a guia para o hospital, dizendo que com ela eu ia receber toda a assistência. Passei oito dias internada.

Saindo do hospital, eu voltei diretamente ao escritório para carimbar a receita que o médico tinha passado. Ele carimbou a receita e disse que eu podia pegar os remédios na farmácia da cidade. Mas aí eu olhei para ele e disse que eu ia chegar em casa com os remédios, mas que não tinha o que comer, porque eu ganhava a vida lavando roupa e, por esses dias, eu não ia poder trabalhar para comer. Ele então me disse para passar no armazém do Zé Artur, no dia seguinte, às 8 horas da manhã, que ele estaria por lá também. Ali na cidade tudo era dominado por ele, açougue, farmácia, armazém, tudo. Ele era um fazendeiro muito rico. No dia seguinte, eu fui para o armazém e ele me deu uma feira grande, de tudo tinha, até carne verde.

Mas deixa que eu não votei nele, não. Votar em latifundiário? Eu? Ora, se eu já estava ali, naquelas condições, por conta do latifúndio...

EU SÓ PENSAVA NOS MEUS FILHOS

Depois que eu tirei o título de eleitor, com o nome de Marta Maria da Costa, entrei em contato com os moradores dele, e conheci uma senhora por nome Dócia, que teve que vender cafezinho pelas ruas, nos dias de feira lá em São Rafael, para não morrer de fome. Nas terras de Marques Soares, o tal candidato, os moradores dele também não tinham direito a nada, não.

Eu sei que com essa "ajuda" eu pude me recuperar um pouco. Voltei para o serviço de lavar roupa, mas a minha pele começou a criar umas manchas vermelhas. O médico já tinha avisado que eu não podia apanhar sol. Mas eu não podia deixar de lavar roupa, que era o meu sustento. E a pele cada dia ia ficando pior, mais vermelha. Eu então procurei um médico do Projeto Rondon, e ele falou a mesma coisa que o outro. Eu não podia mais tomar sol.

Foi aí que eu pensei que podia ensinar. Eu já tinha alguma experiência em alfabetizar.

Em 1962, logo depois da morte de João Pedro, eu tinha uma escola em minha casa. Toda noite, eram crianças, mocinhas, rapazes e adultos também que vinham até minha casa para se alfabetizar. Naquele tempo, a gente recebia um rádio, as cartilhas, os cadernos e as aulas eram dadas pelo rádio. Eu ouvia a palavra no rádio, colocava no quadro e os meninos tiravam do quadro e escreviam no caderno, aí eu ia corrigir se estava certo. Foi assim que eu alfabetizei durante dois anos. Enquanto eu ficava dando aula, os pais dos meninos trabalhavam no meu roçado de noite. Durante o dia, eles não podiam porque eles trabalhavam para o patrão; de noite, eles cuidavam do meu roçado, tratavam a maniva, plantavam e colhiam o algodão. Toda a plantação dentro do sítio continuou depois da morte de João Pedro, e até aumentou. Nas noites de lua, quando dava aquela claridade, os companheiros trabalhavam no roçado enquanto eu alfabetizava os filhos deles.

Além de querer saber ler e escrever, que o camponês sempre teve muita vontade de saber, era também para poder votar no dia da eleição. Naquela época, o analfabeto não podia votar, só votava quem soubesse ao menos escrever o nome, então a gente estava alfabetizando para que aquela juventude pudesse votar. Eu só não consegui me eleger deputada, em 1962, porque no campo ninguém podia votar, só quem votava era o povo da cidade, o camponês era analfabeto.

Lá em São Rafael, quando eu já não tinha mais condições de continuar trabalhando no serviço de lavagem de roupa, eu decidi então fazer esse trabalho de alfabetização. Eu via um bocado de crianças sem escola, sem saber ler nem escrever, precisando ser alfabetizada. Falei então com Tiquinha, que eu podia ensinar o menino dela. Falei com outras mães, se elas aceitassem eu iniciar uma classe de alfabetização ali, porque o grupo escolar era longe e as crianças não podiam frequentar. Todas aceitaram. A gente formava um grupo de amizade muito grande. Foi assim que eu comecei a alfabetizar as crianças e dali eu tirava o meu sustento.

Rodeada de crianças, eu só pensava nos meus filhos. Passava noites e noites sem dormir, pensando nos meus filhos. Eu não podia me abrir com ninguém, não podia falar com ninguém sobre minha vida, nem mesmo com meu filho, pois ele era muito pequeno. Quase toda noite eu sonhava com meus filhos.

Da porta da cozinha da minha casa, eu via a cruz da igreja. Eu me ajoelhava e dizia:

– Meu Deus, assim como estou vendo esta cruz, será que um dia eu vou poder ver meus filhos?

Às vezes, meu menino me perguntava:

– Mamãe, e os meus irmãos, onde estão?

– Eu não sei de nada, meu filho.

– Mamãe, eu sempre sonho com papai. Eu deitado na rede e ele balançando...

– Seu pai não é vivo, ele foi assassinado, seus irmãos... Talvez um dia a gente se encontre com eles.

Foram anos de muita solidão, de muito sofrimento. Durante muito tempo eu não participei de nada, vivia apenas da saudade dos meus filhos. Eu sentia muita saudade, muita vontade de saber como eles estavam, eu queria ter notícias deles, mas eu não podia entrar em contato com minha família. Eu sabia que, se eu voltasse, eu seria presa, eu sabia que voltar seria muito difícil, que a polícia estava me aguardando, que eles queriam me assassinar. A polícia tinha ódio de mim, o mesmo tanto que eu tinha deles. Cada vez que eles iam me prender, eu chamava eles de covardes. Eles atiravam no chão, junto dos meus pés, a terra salpicava em volta de mim e cobria meus pés e eu gritava que eles eram uns covardes. Eu sabia que o dia que eles pudessem me pegar, eles iam fazer bagaço de mim, o que quisessem e entendessem. Se eu tivesse a certeza de que eles iam atirar para matar... mas eu sabia que antes de morrer, eles iam me torturar, que eles iam fazer miséria comigo. O coronel Luiz de Barros nunca me enganou com aquela cara dele. Quando ele me disse: "Mulher sem-vergonha! Vá cuidar dos teus filhos em vez de andar acompanhada desse bocado de macho!".

Aí eu jogava na cara dele que eles tinham assassinado João Pedro pelas costas, que eles eram um bando de covardes. Ele ficava com a moléstia! Eu sabia que não poderia voltar.

O tempo foi passando. Mas eu nunca perdi a esperança de um dia reencontrar meus filhos.

NO LYCEU, À PROCURA DE UM RAPAZ

Com o passar dos anos, eu comecei a ter contato com o Sindicato dos Trabalhadores Rurais lá de São Rafael. O presidente do sindicato conhecia a história de João Pedro, mas ele não sabia quem eu era.

Uma ocasião, ele me procurou para fazer umas faixas de protesto contra o governador do Rio Grande do Norte, Lavoisier Maia, que ia visitar o município de São Rafael. Os estudantes da sétima série do ginásio também foram me procurar pelo mesmo motivo, protestar contra ele e contra o governo dele. Quando os estudantes do ginásio tinham problema para fazer os trabalhos de escola, eles me procuravam e eu ajudava. Na alfabetização das crianças, eu também procurava mostrar as causas dos problemas do trabalhador. Eu já tinha até recebido um convite para ser vereadora. Eles achavam que eu entendia de política. Se eu não tivesse saído de São Rafael, eu tinha sido eleita vereadora, pelos pais dos meninos que eu alfabetizava, que eu ajudava. Mas eu não quis participar desse protesto. Eu tinha medo de ser descoberta.

Anos depois, quando todos os companheiros de São Rafael tomaram conhecimento de quem eu era, de que eu era Elizabeth Teixeira, a notícia se espalhou. Uma turma de estudantes da Universidade Federal do Rio Grande do Norte fretou um ônibus e foi me prestar solidariedade, lá em São Rafael. Eu fiquei muito emocionada quando o ônibus parou em frente da minha casa, uma casinha humilde, que não tinha sequer cama para dormir, que só tinha duas redes, que não tinha nem cadeira, que meus alunos levaram um tamborete de casa para se sentar... Eu fiquei muito emocionada.

Quando chegou ao nosso conhecimento a primeira notícia de que Abraão estava em Patos, o Carlos foi o primeiro a sair de São Rafael para reencontrar o irmão. Quando ele estava na casa de Abraão, chegou o Eduardo Coutinho, que já estava à minha procura. Foi uma coincidência.

Foi Carlos quem levou o Eduardo Coutinho até o casebre onde eu morava, em São Rafael. Ele queria terminar o filme sobre a história de João Pedro Teixeira, que ele tinha começado em 1964. Chegando a João Pessoa, Coutinho entrou em contato com o doutor João Manuel de Carvalho, que tinha sido amigo de João Pedro. Ele sabia que Abraão estava em Patos, então Coutinho foi à sua procura.

Lá em São Rafael, eu conheci dona Araci. Ela era costureira e eu também trabalhava para ela, fazendo acabamento de costura. Ela tinha dois filhos, Azimar e Arimar, que, de vez em quando, vinham passar férias aqui em João Pessoa. Uma ocasião eu pedi aos meninos que procurassem um rapaz que tinha estudado no Lyceu Paraibano, por nome de Abraão Teixeira. Eu disse que tinha sido empregada na casa do pai dele, que tinha criado ele e fazia muitos anos que eu não tinha notícia dele. Os meninos foram ao Lyceu e lá informaram que ele estava trabalhando no jornal *Correio da Paraíba*. Quando eles chegaram até o jornal, souberam que ele já se encontrava trabalhando em Patos. O pessoal do jornal perguntou por que eles queriam entrar em contato com Abraão. Os meninos disseram que era uma senhora que morava no Rio Grande do Norte, que tinha conhecido ele e que queria ter notícias dele. Eles então conseguiram o endereço de Abraão. Através desse endereço que eles me deram, eu escrevi para Abraão, em Patos. Quando Abraão recebeu esta carta, ele achou que não era eu, que isso era mais uma perseguição que talvez quisessem fazer contra ele. Ele não respondeu a carta. Nesse tempo, Carlos trabalhava na firma Maísa. Uns companheiros que também trabalhavam com ele vinham passar férias na casa de parentes que moravam pelos lados de Catolé do Rocha, Patos, Pombal. Carlos aproveitou a oportunidade e veio junto com os companheiros. Chegando à rodoviária de Patos, ele procurou se informar sobre Abraão. Foi quando uma pessoa disse que conhecia Abraão, que o escritório dele era bem junto da rodoviária. Carlos foi até ele e lhe disse que era seu irmão. Abraão olhou desconfiado. Carlos mostrou um retrato meu, vestida de preto, que eu tinha tirado em 1963. Abraão reconheceu o retrato, mas não quis dar demonstração, ali, na frente das outras pessoas. Então ele levou o Carlos para a casa dele. Só aí eles puderam conversar e Abraão pôde saber de tudo o que tinha acontecido depois daquele dia que ele tinha comprado minha passagem para Recife. Abraão pensava que eu não era viva, pensava que eu tinha sido assassinada. Por coincidência, dois dias depois chega o Eduardo Coutinho também à minha procura. Eles então telefonaram para o posto de serviço da Telpa de São Rafael, dizendo que eles iam viajar para São Rafael, para me ver. Eles não disseram nada sobre o Eduardo Coutinho. Eu fiquei aguardando ansiosa.

Quando meus filhos chegaram, acompanhados do Eduardo Coutinho, eu fiquei muito emocionada. Reencontrar meu filho, reencontrar o companheiro Coutinho. Eu não podia

imaginar que tantos anos depois ele fosse me procurar para terminar aquele filme.
A primeira palavra que Abraão disse foi:
– A bênção, mamãe! A partir desse momento, a senhora está convidada a morar comigo.
Minha emoção foi grande demais. Eu lhe disse que sim, que eu aceitava.
A emoção foi grande demais. Eu olhava para Abraão e custava a acreditar que o dia de rever meus filhos tinha chegado. De início, eu não reconheci meu filho. Vendo Abraão em qualquer outro lugar, eu não o reconhecia. Eu o deixei um garoto, ele era muito franzino... Agora, um homem, muito gordo; nessa época, ele bebia muito. Tudo foi muito difícil para ele, esse menino também sofreu muito, ele se criou sozinho, aqui em João Pessoa.
Mas Eduardo Coutinho queria fazer as filmagens lá em São Rafael, o que foi feito. Quando ele terminou de filmar lá em São Rafael, ele foi embora, Abraão também voltou para Patos, e eu fiquei aguardando o dia de viajar. Eu tinha que resolver muitas coisas em São Rafael, conversar com os pais das crianças que eu alfabetizava, despedir-me de todos aqueles companheiros e companheiras que eu tinha conhecido lá.
No dia 3 de março de 1981, eu viajei com destino a Patos e fiquei morando com meu filho Abraão até 1985.

EM CADA REENCONTRO, VOLTAVA TUDO NA MINHA CABEÇA

Em 1983, eu recebi um convite do Eduardo Coutinho para ir até Brasília, para apresentar o projeto do filme *Cabra marcado para morrer*, pois o Coutinho queria terminar o filme. Eu então conheci dom Luciano Mendes, que financiou minha ida ao Rio de Janeiro para que eu reencontrasse meus filhos, José Eudes, Marta e Marinês, que estavam lá. Quando o Eduardo Coutinho fez as entrevistas com eles, para o filme, eu estava no Rio de Janeiro.

O reencontro com José Eudes Teixeira foi tão emocionante... Ele me abraçava muito e dizia que jamais esperava poder me ver de novo. Marta chorava, Marinês chorava, abraçadas comigo, as carnes delas tremiam em cima de mim.

Marta foi criada pela mãe de João Pedro, dona Lia. Depois de moça, ela casou-se e veio para o Rio de Janeiro. Ela tem cinco filhos, os dois mais velhos já são até casados.

Na época que foi feito o filme, Marta tinha um bar, mas depois ela vendeu esse bar e hoje ela trabalha como fiscal na rodoviária do Rio de Janeiro.

Marinês era ainda um bebê quando o pai morreu. Ela nasceu em 16 de abril de 1960 e ficou na casa do velho meu pai. Depois, ela foi para o Rio de Janeiro na casa de Marta e hoje ela é casada e tem três filhos.

Tudo foi muito duro, para todos, para mim e para os meus filhos. Em cada reencontro, voltava tudo na minha cabeça, a dor de me ver obrigada a deixar meus filhos, deixar tudo para trás para salvar uma vida, para salvar uma criança. Se meu filho não tivesse sido rejeitado como foi, se fosse só por mim, pela minha vida, eu teria me suicidado ali na estrada de Sapé, no dia em que fugi para Recife. Mas deixa que o choro agoniado do Carlos, agarrado nas minhas pernas, trouxe-me de novo para vida.

Uma ocasião, quando eu trabalhava na fazenda, lá no Rio Grande do Norte, o desespero era tanto que cheguei a botar uma corda num pé de pau e trepei numa pedra, na beira de um riacho. Eram 6 horas da tarde, eu tinha deixado o menino comendo umas batatas... É muito difícil você trabalhar no alugado, na terra quente, arrancando batata, as unhas caíram todas, o sol ardendo na pele... eu cheguei e fui me aproximando da pedra, o laço já estava pronto, eu tinha jogado as duas pernas da corda e fiz o laço, mas no momento que eu botei o laço na cabeça e que ia me jogar da pedra, eu olhei e vi um vulto azul, no mesmo galho que estava a corda. Era como se fosse uma mulher, com os pés descalços, bem alvinhos os pés dela, vestida de azul e com um menino nos braços. Eu ouvi o choro do menino, o vento, o vento frio, uma coisa tão difícil, eu não sabia se o choro era daquele menino ou do meu filho que estava em casa. Eu não tive coragem, eu me afastei. Quando eu vou me aproximando da minha casa, do casebre dentro do mato em que morava, vou ouvindo os gritos do meu filho. Ele tinha parado de comer as batatas, estava gritando, assustado, a noite tinha chegado e ele estava sozinho dentro do casebre.

Carlos é o filho que sempre viveu comigo. Todo mês ele me manda uma feira, porque só com a pensão que eu recebo não dá para viver. Ele estudou até o ginásio. Ele é uma pessoa muito boa e entende a luta do pai, as razões pelas quais ele foi assassinado. Ele conhece bem a situação do trabalhador, do homem do campo que vive miseravelmente. Ele vive num ambiente só de trabalhador do campo. As vezes, ele me diz:

– Mamãe, a luta de meu pai, a luta da senhora, a luta de muitos companheiros e companheiras que têm tombado, essa luta é muito difícil num país capitalista. Mas eu entendo que é necessária esta luta para haver uma mudança. Eu gostaria de conhecer Cuba, de saber como é a vida dos trabalhadores num país como Cuba.

Mas Carlos é uma pessoa que vive e trabalha muito para sobreviver. Ele vive do comércio, em cima de um carro, vendendo carvão, mata boi, mata porco para vender no comércio, para não viver alugado no campo. Mas há outros que dizem que a luta é difícil, mas que não adianta de nada, porque o pobre vota mesmo é nos candidatos ricos, que vão cuidar dos interesses deles e não dos direitos dos pobres, dos trabalhadores, que eles perderam o pai e a mãe e isso não adiantou nada. Já outros dizem que a luta é válida, me dão apoio, mas não participam de nada.

Eu espero muito dos meus netos. O Kairon, que é filho do Carlos, disse-me assim outro dia:

– Esses governos, vovó, eles não fazem nada, não. O prefeito não faz nada pelos pobres. O povo precisa saber votar!

Esse pequeno é muito danadinho. Ele tem muita curiosidade, ele pergunta muito. Na campanha para presidente, ele gritava por todo o canto: "Lula! Lula!".

Abraão é jornalista, vive até hoje em Patos e é jornalista do *Correio da Paraíba*. Ele é o meu segundo filho, mas com a morte de Marluce ele ficou sendo o filho mais velho. Ele tem dois filhos e, sempre que pode, me ajuda.

Um mês depois do assassinato de João Pedro, eu recebi uma bolsa de estudo do governo João Goulart para um dos meus filhos. Abraão era o menino mais velho; nessa época, ele tinha 16 anos, veio estudar em João Pessoa. Essa bolsa dava direito a morar na Casa do Estudante e de fazer as refeições no restaurante universitário. Ele era muito apegado a mim. Ele passava a semana em João Pessoa, mas, no sábado bem cedinho, ele ia para Sapé e passava o dia comigo, na Liga. No final do dia, a gente voltava para casa e na segunda-feira de manhã, ele vinha de novo para João Pessoa, para estudar.

Mas depois do golpe militar, o Exército cortou a bolsa dele e ele ficou jogado na rua, sem ter onde dormir, passando fome. Ele me contou que, um dia, perambulando pelas calçadas, ele pediu a um cara que passava que lhe comprasse um sanduíche, ou qualquer coisa, que ele estava morrendo de fome. Essa pessoa levou-o para um bar e lhe deu um sanduíche. Mas o estômago não aceitou, ele vomitou tudo. Ele estava há dias sem comer.

Foi aí que ele se entrosou pelos jornais, ele conseguiu um emprego de dobrar jornal. Com o tempo, foi conseguindo estudar e hoje é jornalista, formado na Universidade Federal da Paraíba. A vida foi muito dura para ele, os outros ficaram na casa dos meus irmãos, que eu tenho sete irmãos, dois ficaram na casa de meu pai, mas ele ficou sozinho.

A vida marca muito as pessoas, o sofrimento muda muito as pessoas. Depois do assassinato de João Pedro, Abraão acompanhou tudo. Ele foi convidado para acompanhar Julião, na campanha de 1962. Eles percorreram Pernambuco, participando dos atos públicos, ele fazia discursos protestando contra os latifundiários. Na morte da irmã, ele fez um discurso no cemitério, responsabilizando os latifundiários por mais aquela morte. Ele me acompanhava em tudo. Quando chegava o sábado, ele largava tudo em João Pessoa e ficava ao meu lado, na Liga, fazia a feira comigo, ele tinha muito carinho por mim. Mas o sofrimento marca muito.

Quando João Pedro era vivo, ele sempre dizia:

– Abraãozinho vai ser advogado, vai ajudar o papai, vai defender a causa do trabalhador.

João Pedro morreu abraçado com o livro e os cadernos que ele tinha comprado para Abraão. A bala varou o livro e os cadernos que ele trazia na mão. João Pedro queria o melhor para os filhos, ele dizia sempre:

– Este aqui vai ser um advogado, vai lutar pela causa do trabalhador, este vai ser juiz, este aqui vai ser engenheiro-agrônomo.

João Pedro só pensava no melhor para os filhos. Ele queria que Isaac estudasse para engenheiro-agrônomo, para ajudar os trabalhadores no campo. Uma vez Isaac chegou junto do pai, com um pé de feijão que ele tinha arrancado. Isaac era pequeno, foi logo dizendo ao pai que do caroço do feijão é que nascia o pé.

João Pedro riu muito e disse:

– Esse aqui vai ser engenheiro-agrônomo!

Quando Abraão chegou a São Rafael, que ele me abraçou, pediu minha bênção e me convidou para morar com ele, em Patos, ele me disse assim:

– Eu já sou pai, tenho um garoto que vai completar 1 ano e, no aniversário do meu filho, eu quero que a senhora esteja presente. Depois que a senhora estiver lá, vamos cuidar de discutir como é que vamos poder chegar à casa do meu avô para que tenhamos notícias dos outros, porque eu nunca mais tive notícias de nenhum dos meus irmãos.

Eu cheguei a Patos, no dia 3 de março, no dia 15 do mesmo mês, a gente foi visitar meu pai, em Sapé. Lá eu reencontrei meu filho João Pedro Teixeira Filho, que foi criado pelo meu pai. Não pude ver minha filha Marinês, que também ficou com meu pai, porque ela já estava no Rio de Janeiro. Mas, nesse dia, eu reencontrei também minha outra filha, a Maria das Neves, que mora num sítio, perto de papai.

No momento em que eu cheguei à casa de papai, que eu o abracei, que ele me reconheceu, ele olhou para mim e disse:
– Oxente! Você é viva?
– Eu estou aqui, papai. Onde está mamãe?
– Ela está lá dentro.
Eu entrei pelos quartos, à procura de minha mãe.
– Mamãe, sou eu.
Ela olhou bem para mim e disse:
– Você não é minha filha!
– Sou eu, mamãe, Elizabeth.
– A minha filha, essa que se dizia minha filha, a mais velha, foi assassinada. O corpo dela foi encontrado carbonizado, lá pelos lados de Campina Grande. Eu não tenho essa filha.
– Mas sou eu, mamãe, eu sou sua filha!
Ela tinha a vista um pouco ruim, mas eu não sei se era por causa do problema de vista...
– Venha cá, João Pedro. Essa que está aí é tua mãe?
– É sim, vovó, ela é a minha mãe.
Minha mãe então me abraçou e disse a João Pedro Filho:
– Abrace-a João Pedro, peça a bênção para ela, que ela é a sua mãe.

A gente chorou muito, eu, minha mãe, meus filhos. Mas eu sentia que eles estavam ainda desconfiados. Nesta noite, fui dormir no quarto com Abraão. Era uma desconfiança tão grande que cheguei a ficar com medo. Abraão chegou a ouvir quando o velho meu pai disse a João Pedro Filho:

– Eu ainda estou desconfiado se essa daí é mesmo Elizabeth e se esse outro é mesmo o filho dela, o Abraão. Eu ainda não estou acreditando.

EU SENTI UMA DOR ME FERINDO POR DENTRO

Nesse mesmo dia, eu reencontrei Maria das Neves. Ela nasceu em 1953 e foi criada pela minha irmã Beatriz, em Sapé. Hoje ela é casada com um pequeno proprietário, professora e mãe de dois filhos. Ela tem uma vida de conforto.
Quando eu fui reencontrando cada um dos meus filhos e netos, como eu não tinha sequer um retrato de João Pedro vivo para dar como lembrança, dei um retrato dele morto. Eu então peguei aquele retrato e levei para Nevinha e dei para a minha neta, de 11 anos, filha dela.
– Olhe, minha filha, este é o retrato do vovô. Não sobrou nenhum retrato dele com vida, porque quando a polícia invadiu nossa casa, não sei que fim deu aos retratos do seu avô, mas você pode ficar com este.
– A senhora fez muito mal de dizer à minha filha que este retrato é do avô dela. Eu não quero que minha filha tome conhecimento de que tem esse avô, nem da história dele, porque o avô que minha filha tem é o padrinho que me criou.
Eu senti uma dor funda me ferindo por dentro... Sei lá, eu me magoei muito. Até hoje é muito difícil para mim ir à casa dela. Eu tenho ido, mas é muito difícil.
João Pedro dava tudo por ela, ele gostava de carregá-la no colo. Às vezes, ela se fazia de mimada, e ele mandava que

Marluce fosse balançá-la, mimada, e ela sabe disso. Como é que hoje ela diz, na minha cara, que não quer que a filha dela tome conhecimento do avô? Por quê? Por que ela tem um pedaço de terra? Por que ela vive em condições melhores? Por que negar as próprias origens? Por que negar que é filha de João Pedro? Isso me dói muito.

Nevinha foi criada pela minha irmã, Beatriz. Ela chegou a estudar, ela fez o vestibular para psicologia, mas não passou. Depois ela foi professora numa escola municipal de Sapé. Conversando comigo, ela disse que se lembra do tanto que João Pedro era apegado a ela. Ela era muito apegada ao pai também.

– Eu me lembro quando papai me botava no braço e saía caminhando comigo.

Ela se lembra também que quando ela começou a ser alfabetizada, a irmã da professora dela, Hilda Sales, tinha sido a minha professora.

– Olhe, tua mãe era tão inteligente. Ela nunca tirou uma nota baixa. Em matemática, tirava sempre o primeiro lugar. Tua mãe era muito inteligente, Nevinha.

Hoje ela mora no sítio dela, é casada, mãe de dois filhos, mora na margem da estrada que liga João Pessoa a Campina Grande.

Eu até me admiro como os meus filhos, criados por aquela família, hoje me têm como mãe. Eu me admiro!

João Pedro Filho, criado pelo velho meu pai, o que foi que aconteceu? Como foi que papai criou João Pedro? Criou-o dizendo que o pai dele era um comunista, que não valia nada, que a mãe era uma comunista também, uma terrorista que não valia nada. Na hora em que eu saí da prisão, que cheguei à casa de meu pai, foi isso o que eu ouvi.

Depois eu reencontrei Maria José, que a gente chama de Mariinha. Ela nasceu em 1956 e foi criada por minha irmã Severina, dentro de uma fazenda em Sapé. Ela saiu de lá para se casar e vir morar em João Pessoa. O marido dela era motorista de coletivo, mas hoje eles possuem um pequeno comércio. Eles têm dois filhos. Maria José é muito calada. Ela nunca fala nada sobre tudo o que passou. Ela mora em João Pessoa bem pertinho da casa onde eu moro agora. Ela é muito calma, não fala nada, mas me apoia muito. Pela manhã, ela sempre me traz o jornal para ler, ela é um amor de criatura.

Paulo é meu menino que levou o tiro na cabeça. Hoje ele bebe muito, ele nunca mais conseguiu ficar normal depois de tudo o que se passou com ele. Ele é casado, tem três filhos, mas é separado da esposa. Ele mora em Pernambuco numa cidade chamada Buenos Aires. Ele foi criado por meu irmão, o Euclides.

Eu me lembro que, na mesma época que Abraão recebeu a bolsa de estudos, os metalúrgicos de São Paulo também deram uma outra bolsa para um dos filhos, que foi destinada ao Paulo. Ele já estava se preparando para ir para São Paulo, quando recebeu o tiro na cabeça. Essa bala não matou, mas acabou com a vida dele.

EM CUBA, ESTUDANDO MEDICINA

Aquele ano de 1962 foi muito triste para mim. João Pedro foi assassinado, Paulo no hospital entre a vida e a morte, Marluce morta. Eu ia perdendo cada um dos meus filhos.

Logo depois da morte de João Pedro, tomando conhecimento desse assassinato, o governo de Cuba mandou um telegrama de pêsames, dizendo que tinha decretado luto oficial. Cuba parou por meia hora em homenagem a João Pedro. Logo depois, Fidel Castro mandou um convite, oferecendo uma bolsa de estudos em Havana, para um dos filhos de João Pedro.

Quando esse convite chegou, o Abraão já estava estudando em João Pessoa, com uma bolsa dada por João Goulart que, na época, era o presidente da República.

O Jango deu esta bolsa de estudo porque ele veio aqui para Paraíba no dia 29 de julho, três meses depois da morte de João Pedro. Houve até uma concentração grande na Lagoa, aqui em João Pessoa. Os camponeses exigiam a reforma agrária e esperavam que o presidente tomasse uma decisão sobre os conflitos que estavam existindo no campo.

Quando eu recebi o convite para um dos meus filhos estudar em Cuba, eu chamei todos os filhos e disse:

– Estou aqui com um convite do governo de Cuba, mandado por Fidel Castro, para um de vocês estudar em Havana.

Isaac, sendo o segundo filho homem, falou que ia. Ele estava terminando a quarta série do primário. Eu preparei Isaac e entrei em contato com Julião. Os filhos dele já estudavam em Cuba e, naquele momento, estavam aqui no Brasil passando férias. Julião ia para Cuba levar os filhos dele e me disse que poderia levar Isaac. Isaac saiu daqui de João Pessoa, acompanhado de Abraão, com destino a Recife. Lá ele encontrou com Julião e foi para Cuba. Chegando em Havana, ele foi recebido por Fidel Castro e começou a estudar. Isaac passou 24 anos em Cuba e formou-se em medicina. Ele voltou, em 1986, e no ano seguinte, foi trabalhar como médico numa cidade chamada Capuí, no Ceará. Nesta cidade, ele ficou trabalhando de 1987 a 1991. Hoje ele trabalha em Pereiro, que fica também no Ceará. Ele é o único que ficou solteiro.

MAS DECIDI FICAR NO BRASIL

Em 1963, Fidel Castro manda um convite para mim, para eu visitar meu filho. Cheguei a Havana no dia 25 de julho, às 6 horas da tarde. No dia seguinte, 26 de julho, era a comemoração da Revolução Cubana e eu estava lá. Passei um mês em Cuba, percorri todo o país, visitei o campo, as plantações de cana, visitei muita coisa.

Eu me lembro do ato público que ele fez na praça José Martí. Tinha muita gente. Eu me lembro do discurso do Fidel, lembro-me da juventude, do desfile feminino, as mulheres todas de farda. Lembro-me das visitas que fiz nas fábricas de charuto, nas usinas de açúcar. Eu perguntava aos trabalhadores se eles estavam gostando. Eles diziam que sim, que antes da Revolução eles sofriam muito.

Fidel Castro é uma figura extraordinária. Ele tem uma maneira, assim, de atrair as pessoas. O que eu mais admirei em Cuba foi a presença de Fidel. Ele, em pessoa, foi receber aquele grupo de brasileiros que estava chegando a Havana. Eu fiquei muito emocionada.

Nessa época, a Revolução era ainda muito recente, tinha acabado de acontecer, mas já dava para sentir a diferença. Era uma luta muito grande para melhorar as condições de vida dos trabalhadores, era uma luta muito grande pela vigilância também.

Lembro-me, também, de um almoço que foi oferecido aos brasileiros que estavam lá em Cuba. Eu não fui sozinha, eu fui com a mulher do Julião, dona Alexina, com dois ou três camponeses de Pernambuco. Daqui da Paraíba, foram o José Dantas e o Adauto Freire. Era uma comitiva grande. Esse almoço foi oferecido pelas mulheres, antigas prostitutas que agora tinham outra vida. Elas mostraram os apartamentos onde moravam, agora elas podiam viver com dignidade. Umas trabalhavam em escritórios, outras em fábricas, mas todas muito alegres, muito satisfeitas.

A gente também participou de reuniões com Fidel, ele discutiu perante todos. Só que Fidel fala rápido e eu não entendia quase nada. Tivemos, também, reunião com o Che Guevara que, na época, era o Ministro da Cultura. Ele quis saber das lutas dos trabalhadores aqui, no Brasil, e também contou como foi a luta deles até a tomada do poder, o tempo que eles ficaram na serra.

Antes do golpe militar, o Brasil mantinha relações com Cuba, Jânio chegou a condecorar o Che Guevara, então, era muito fácil a comunicação com Cuba. O telegrama de pêsames pela morte de João Pedro, enviado por Fidel, chegou diretamente na sede da Liga de Sapé. Não havia nenhum problema para a gente se comunicar. Eu escrevia sempre para o Isaac e também recebia as cartas dele.

Ainda lá em Cuba, Fidel Castro me fez convite. Se eu quisesse ir morar em Cuba, com todos os meus filhos, eu teria toda a assistência do governo cubano. Mas, naquela época, eu achava que a minha luta era mesmo no Brasil, na Paraíba, que eu devia continuar protestando contra o assassinato de João Pedro; continuar a luta dele no campo. Depois que eu tinha voltado para o Brasil, Fidel Castro reforçou o convite, dizendo que eu fosse para Havana, que Isaac estava muito sozinho.

Quando chegou 1964, com o golpe militar, que eu tive que me separar dos meus filhos, eu cheguei a me arrepender de não ter aceitado o convite.

Meu Deus, eu devia estar em Cuba, se eu estivesse lá, eu estaria junto dos meus filhos, vendo eles a todo instante e a toda hora, eles estariam estudando... Mas eu decidi ficar no Brasil. E agora?

Longe dos meus filhos, sem nem o direito de saber se eles estavam vivos ou mortos. Isso foi muito duro para mim.

Depois do golpe, trancaram-se todas as notícias. Vim ter notícias de Isaac somente em 1981, pelo Eduardo Coutinho, quando ele chegou a São Rafael junto com Carlos e Abraão. Ele me disse que Isaac estava vivo, que estava fazendo medicina. Eu tive uma alegria muito grande.

Tempos depois, quando eu estava em Brasília, no dia da apresentação do filme *Cabra marcado para morrer*, na Câmara dos Deputados, com a presença de Miguel Arraes, de Raimundo Asfora e de tantas outras personalidades, é que eu vi o filme pela primeira vez e então eu pude ver o Isaac, já moço, um homem feito. Eu fiquei muito emocionada. Agora, eu só pude reencontrar meu filho, pessoalmente, em janeiro de 1986, quando ele chegou de Cuba.

Durante o período que eu fiquei presa no Grupamento de Engenharia, eu sofri muito por causa dessa minha viagem a Cuba. Eles queriam saber o que eu tinha ido fazer lá, como era o governo de lá, quais as ligações de Cuba com o movimento camponês daqui. Eu respondia o seguinte:

— Eu fui a convite do governo cubano, visitar meu filho que estudava lá como bolsista. Eu não tinha ido ver, nem estudar, nem tomar conhecimento do movimento deles, nem como era o socialismo, de como ele atuava ou deixava de atuar.

— Mas você enviou vários telegramas a Cuba.

— Eu não nego que assinei, nem que mandei vários telegramas a Cuba. Sendo eu a presidente da Liga Camponesa de Sapé era eu quem respondia os telegramas de solidariedade que os companheiros cubanos mandavam. A minha obrigação era responder, e eu respondia.

— Mas tem muitos telegramas assinados pela senhora, em solidariedade à Revolução Cubana.

— Justo! Se Cuba ficou independente, se o país conseguiu se libertar, se eles tiveram vitória, eu tinha mais que mandar um telegrama de apoio à luta deles.

— Então a senhora está com Fidel?

— Não, eu não estou com Fidel, eu estou do lado dos meus companheiros do campo, do homem sofrido do campo, que luta por um pedaço de terra para sustentar seus filhos, sua família. Eu sou brasileira e estou com os brasileiros.

— Mas você é comunista!

— Não, eu não sou comunista, porque eu acho que o comunista é uma pessoa intelectual, que conhece, que sabe de partidos, de política. Eu sou quase uma analfabeta, eu nunca nem sequer votei, eu não tenho título de eleitor, eu não entendo nada de política nem de partidos, eu não tenho nenhum conhecimento do que é o Partido Comunista.

— Você não entende nada de política?

— Não, senhor, eu não entendo nada de política.

— Como é então que você é a presidente da Liga Camponesa?

— Tudo o que eu faço é em protesto ao assassinato de João Pedro.

– Mas você estava lá em Pernambuco, na Galileia, preparando a guerrilha.

– Estava não, senhor! A gente estava lá preparando um filme sobre a vida de João Pedro, protestando contra o assassinato de João Pedro. Lá ninguém estava preparando nenhuma guerrilha, não, senhor.

– Quer dizer que tudo o que você faz é em protesto ao assassinato de João Pedro?

– Justamente! E em protesto ao assassinato dele, porque foi uma coisa bárbara. Tudo o que eu faço é para protestar contra essa violência.

Eles queriam saber das armas, onde a gente escondia as armas, quem é que dava as armas. Eu dizia que não tinha arma nenhuma, que o homem do campo só tinha mesmo a enxada para cavoucar a terra e plantar, que o único desejo do homem do campo era terra para plantar.

Eles tentaram de todas as maneiras me enquadrar na Lei de Segurança Nacional. Até hoje não sei nem explicar por que foi que eles me soltaram, por que eles não me enquadraram. Talvez por pena, não sei. O fato é que eles me libertaram e eu pude fugir.

MEU DEUS! ISSO É UMA LOUCURA!

Meu filho José Eudes, nascido em 29 de janeiro de 1959, teve seu nome trocado porque minha família não podia aceitar que ele se chamasse Lenine. Antes de ele morrer, antes de ele ser assassinado, ele chegava aqui em minha casa e dizia:
– Eu quero a ajuda da senhora, que com sua experiência, a senhora me ajude a dar continuidade à associação que eu fundei.

Era a Associação João Pedro Teixeira, que José Eudes criou lá em Sapé para ajudar os trabalhadores do campo.

Quando eu voltei para a Paraíba, Zé Eudes morava no Rio de Janeiro. Não dando mais para ele viver como empregado, que a situação de desemprego era grande, ele veio para a Paraíba e morou um mês comigo. A gente então entrou em contato com a turma do PT, do Partido dos Trabalhadores, que conseguiu arrumar um emprego para ele. Mas Zé Eudes me dizia que a sua preferência era viver no campo, trabalhar na terra. E assim ele foi trabalhar dentro da propriedade do avô, onde eu tinha direito à posse de um pedaço de terra que eu recebi de herança depois da morte de minha mãe. Nesse pedaço de terra, não tinha nenhuma casa onde Zé Eudes pudesse ficar, então Isaac, que já tinha voltado de Cuba, disse que podia dar o dinheiro para construir uma casinha para Zé

Eudes. E assim foi feito. João Pedro Filho recebeu o dinheiro, contratou pedreiro, comprou todo o material e construiu a casa lá no campo. Era uma casinha boa, com dois quartos, uma sala, área, banheiro dentro da casa. Zé Eudes ficou trabalhando na terra. Toda semana, ele vinha me visitar e nunca ele veio de mão vazia. Ele trazia saco de feijão, jerimum, inhame, macaxeira, galinha. Quantas vezes a gente matou galinha no domingo, que ele trazia. Ele era muito bom, muito carinhoso, muito humilde. De todos os filhos, foi ele quem mais puxou ao pai. Ele era muito interessado em saber da vida e da luta do pai. Ele sentia muito orgulho de ser filho de João Pedro Teixeira. Eu nunca vou me esquecer das perguntas que ele fazia, ele queria saber das histórias do passado, ele procurava jornais antigos que falassem da história do pai.

Com o passar do tempo, Zé Eudes foi se tornando uma liderança no campo. Em 1987, ele fundou uma associação de camponeses, com o nome de Associação João Pedro Teixeira. Essa associação tinha por objetivo a construção de um armazém comunitário. Através da associação, ele queria conseguir alimento para os camponeses pobres, ele queria conseguiu leite para dar aos filhos dos trabalhadores. Quando ele morreu, a associação já tinha muitos associados, somente de mulheres já tinha mais de cem sócias.

Um certo dia, eu estava em minha casa, aqui em João Pessoa e recebo um telegrama de João Pedro Filho para ir até Sapé para falar com ele e com meu pai. Eu fui acompanhada de Carlos, que nesse dia estava aqui comigo. Chegando lá, meu irmão olhou bem para mim e foi dizendo:

– Zé Eudes quer fazer um busto de João Pedro, quer levantar novamente a cruz que foi dinamitada, ali na beira da estrada, no local onde o pai dele tombou. Então, só é tirar o busto desse aí e botar lá.

Eles achavam que Carlos era muito parecido com o pai. Eu mesma não acho. Ele tem um traço do pai, o mesmo jeito de apertar os olhos quando ri, mas não acho que seja tão parecido.

Uma semana antes de ele morrer, Zé Eudes sentou-se aqui em minha casa e falou para mim:

– Eu fico revoltado de ver crianças de menos de 1 ano morrendo de fome. Essas crianças vão morrendo aos poucos, à míngua. A situação no campo está muito difícil, mamãe, eu preciso da sua ajuda, da sua experiência para que eu possa melhor trabalhar na associação. Na semana passada, morreu uma criancinha de fome, mas ficaram outros cinco filhos. Eu queria que a senhora entrasse em contato com o Centro de Defesa dos Direitos Humanos, para conseguir algumas roupas. A família está sem nada para botar em cima do corpo. É uma situação muito dura, mamãe!

– Eu vou ver o que posso fazer, meu filho.

Mas não deu tempo de nada. João Pedro Filho sacou o revólver e atirou.

A família estava revoltada de novo. Zé Eudes tinha criado uma associação no campo, para lutar em defesa dos trabalhadores, para conseguir alimento para aqueles filhos de camponeses que estavam morrendo de fome. Como se não bastasse essa movimentação no campo, ele ainda queria fazer um busto de João Pedro no lugar onde o pai tinha sido assassinado, no mesmo lugar onde já tinha sido construído um monumento e, depois do golpe de 1964, foi dinamitado. Para eles, foi demais.

Naquela manhã do dia 26 de setembro de 1988, eu tinha ido para a casa de Zé Eudes. Era de manhã, a gente estava conversando, eu, ele e minha filha Maria José, quando chegou João Pedro Filho, numa moto.

Pêta, esse era o apelido de João Pedro Filho, chegou furioso, dizendo que Zé Eudes estava recebendo dinheiro da Rússia, de Cuba, que estava com ideias comunistas, com ideias de reforma agrária, e ele, como irmão, como neto de Manoel Justino, não admitia que ele tivesse fundado uma associação e ainda colocar o nome de João Pedro Teixeira. Com que autorização ele gritava "Viva João Pedro Teixeira", "Viva Elizabeth Teixeira"?

Naquele momento todo mundo ficou num suspense muito grande. Eu, Maria José, Zé Eudes, a gente se olhava, um para o outro, sem dizer nada. Foi aí que Maria José disse:

– Mamãe, vamos embora, já são 11 horas e eu tenho que levar os meninos para o colégio, que inicia de uma hora.

– Vamos, minha filha.

Zé Eudes também se levantou, dizendo que ia acompanhar a gente até o abrigo do ônibus, na margem da rodagem. Ele pega as chaves para fechar a casa. Todos nós fomos saindo.

A moto de João Pedro Filho estava na frente da casa. Em volta estava tudo plantado com lavoura, mas a frente estava livre, limpa. Chegando lá fora. João Pedro Filho continuou provocando:

– Você mora no que é meu, fui eu quem construiu esta casa.

Zé Eudes perguntou se ele estava precisando de dinheiro e foi colocando a mão no bolso para pegar um cheque. João Pedro disse que não, que não precisava de dinheiro.

Eu estava com a mão em cima da moto. Eu fui ficando cada vez mais ao lado de João Pedro porque eu pensei que talvez ele estivesse enciumado, por causa que Zé Eudes tinha uma aproximação grande comigo e aquela cena toda fosse por causa de ciúme. Então, eu botei a minha mão em cima da mão dele e lhe disse:

— Meu filho, aqui não se trata de discutir o que é meu e o que é teu, eu só quero a união de vocês, nesse momento essa terra é de vocês dois, são só vocês dois que trabalham na terra, os outros já têm outra vida e eles não vão voltar para o campo. São só vocês dois e a única coisa que eu quero é a união de vocês.

Eu não sei com que rapidez ele sacou o revólver e disparou. Com o primeiro tiro ele matou o irmão, pegou mesmo em cima do coração. Zé Eudes ainda deu alguns passos e o outro atirando por trás. Quando ele caiu no chão, já estava morto.

Eu vendo tudo isso. Maria José desmaiou, ela arriou, ela não teve voz, os nervos dela não deram para sustentar de pé. Ela recostou, assim, na parede de frente da casa e foi arriando, fria, gelada.

Eu gritava para ele:

— Como é que você pôde? Como é que você fez isso? Como você pôde matar o seu irmão? Meu Deus! Isso é uma loucura!

Depois que ele deu o último tiro, ele carregou o revólver com uma rapidez muito grande, aí ele virou-se para mim, com o revólver apontado para o meu rosto, e disse:

— A senhora tem que respeitar Manoel Justino. Foi ele quem criou os teus filhos, foi ele quem criou teus filhos!

Eu não podia acreditar no que estava acontecendo. Eu só repetia:

— Meu Deus, você matou seu irmão!

Ele subiu na moto, colocou o revólver na cintura, acelerou e saiu. Ele ainda passou ao lado do corpo do irmão, olhou e foi embora.

Eu fiquei louca. Debrucei-me sobre o corpo de Zé Eudes e vi que ele estava morto. Corri para junto de Maria José e ela estava gelada, desmaiada, sacudo o seu corpo, grito o seu nome, tento fazê-la voltar do desmaio.

– Minha filha, eu preciso de você!

Mas deixa que algumas pessoas que estavam passando na estrada ouviram os disparos, ouviram os meus gritos e foram chegando. Uma moça que estava no abrigo esperando o ônibus ouviu tudo, os tiros, meu alarme, meus gritos... Eu não conseguia chorar. A única coisa que eu repetia era: "Minha Nossa Senhora! Como pode um irmão tirar a vida do outro?". Ainda hoje eu me pergunto isso. Não há um só dia que eu não me lembre de tudo isso, na hora de dormir, a toda hora do dia. Aquela cena se repete, eu vejo aquela cena, aquela loucura, eu não posso me esquecer.

O CHURRASCO FOI SERVIDO EM CIMA DA NOSSA MESA...

Às vezes eu penso, se o tiro que matou Zé Eudes tivesse sido para mim, eu não tinha que viver toda essa dor, eu não ia precisar contar essa história para ninguém. Por que ele me deixou viva? Por que eu não me joguei em cima da arma dele quando ele estava apontando o revólver na minha cara? Era para eu ter me agarrado com ele, assim eu tinha morrido também. Assim eu não ia sofrer o que estou sofrendo... É muito triste para uma mãe.

Depois da morte do meu filho, eu fiquei doente, eu não podia dormir, minha cabeça doía, parecia que ia explodir. Meu filho Carlos me levou para Mossoró ao médico. Eu não sei como não fiquei doida, como não fui parar num manicômio. Eu fiquei passada, em cima de uma cama, sem ter forças nem para falar.

No enterro de Zé Eudes ninguém da família Justino apareceu, nem mesmo meu irmão que criou ele a partir de 1964. Ninguém foi vê-lo morto, e todos sabiam.

João Pedro Filho, eu não sei mais nada dele, não sei onde se encontra. Ele foi criado pelo velho meu pai. Quando aconteceu o golpe e que eu tive que fugir, ele tinha 4 anos. Eu conheço as ideias de meu pai, a cabeça dele é completamente diferente da minha. Manoel Justino criou esse menino no ódio. Minha família odiava João Pedro e a mim também, por causa da luta. Meu pai criou esse menino analfabeto, ele nunca teve escola. Eu acho que ele fez isso incentivado pela família e pelos proprietários de terra, os mesmos que mandaram matar o pai dele. Meu pai sempre foi ligado aos latifundiários, aos usineiros, as terras dele fazem divisa com os Ribeiro Coutinho, ele sempre foi ligado ao Agnaldo Veloso Borges. Matar, fazer churrasco, tomar cana junto com os usineiros, com os latifundiários, essa sempre foi a vida de meu pai.

Logo depois do golpe, que dinamitaram o monumento de João Pedro, ao lado da estrada, naquele mesmo dia foi feito o maior churrasco para comemorar, e meu pai estava presente, bebendo e participando desse churrasco. Quando João Pedro era vivo, a gente tinha uma mesa grande, de quase três metros. Nossa família era grande, então precisava de uma mesa grande também. Essa mesa era boa também para receber os camponeses, para João Pedro se reunir com eles. Pois bem, essa mesa foi levada para esse churrasco. Foi em cima dela que os proprietários serviram esse churrasco.

MEUS FILHOS FORAM
MUITO HUMILHADOS

Eu sei que João Pedro Filho era mandado pelo meu pai, mas ao mesmo tempo, eu penso: meu filho poderia ter se desligado deles e dizer: "Não! Se querem eliminar meu irmão, se querem matá-lo, que procurem outro, eu não!". Mas ele se passar para um ato desse, matar o próprio irmão? Eu não entendo!

Eu, como filha de Manoel Justino, não obedecia às ordens dele, não. Quantas vezes meu pai me disse para me separar de João Pedro e ficar com ele, que para minha pessoa não ia faltar nada, eu lhe respondia que não, que quando fugi da casa dele para me casar com João Pedro, era para continuar ao lado de João Pedro.

Depois que fui para Recife, passei nove anos sem entrar em contato com minha família. Quando volto para Sapé, num sítio comprado pelo velho meu pai, ele mandou me chamar até a casa dele e pediu novamente a mim que me separasse de João Pedro e dos meus filhos, que abandonasse tudo e ficasse ao lado dele, que eu teria tudo o que quisesse. Mais uma vez eu lhe disse não!

– Mas esse homem é um vagabundo. Como é que você pode continuar ao lado de um comunista, de um terrorista, de um homem que quer tomar as terras dos outros?

– Vagabundo? Como o senhor pode dizer isso, papai? Quantas vezes os filhos dele chegaram à sua casa e imploraram ao senhor qualquer coisa?

E ele chorou. Debruçado na mesa, as lágrimas desciam, dizendo a mim que daria tudo, o que eu quisesse, se eu voltasse para casa dele, para ajudar a tomar conta dos negócios, do jeito que era antes, que eu deixasse aquele negro e voltasse para casa dele. Eu fui obedecer ao meu pai? Eu nunca fui ouvir meu pai depois que saí da companhia dele, aos 16 anos. Eu nunca dei ouvidos às propostas do meu pai, não.

Segundo o que eu sei é que se o velho dissesse: "Você vai ali fazer tal coisa!", João Pedro Filho ia, ele ia mesmo... eu soube que ele sempre dizia que tinha conhecimento de que eu era a mãe dele, mas que não gostava de minhas ideias.

Numa ocasião, ele chegou a fazer uma ligação de Sapé para a casa de uma vizinha minha, para falar comigo. Mas quando ele saiu, a telefonista ouviu-o dizer:

– Eu não gosto das ideias daquela velha, nem das ideias desse outro.

Ele estava falando do irmão, do Zé Eudes Teixeira. Ele repetia que não topava as minhas ideias para todas as pessoas que ele tinha contato. Ele chegou a falar que queria se aproximar de mim, ele veio na minha casa umas duas ou três vezes, mas parece que ele não conseguia se aproximar de mim por causa das minhas ideias.

Eu me lembro de que um dia João Pedro Filho veio trazer a mulher dele para a maternidade em João Pessoa, para ter o primeiro filho. Ele deixou-a internada e veio até a minha casa, chegou e ficou conversando comigo. Ele me contou que tinha sido criado pelo velho meu pai trabalhando muito e que um dia meu pai tinha batido tanto nele que, de tanto apanhar, ele vomitou. O velho se assustou e depois desse dia, nunca mais bateu nele.

– Eu reconheço, meu filho, que você foi criado como um escravo, trabalhando e apanhando, porque eu acredito que seu avô ia criar um filho meu, um filho de João Pedro, de graça não. Quando uma pessoa pede para uma filha deixar os netos abandonados, deixar o marido e os filhos abandonados, ele não gosta. Eu reconheço isso, meu filho.

Uma vez Maria José chegou a dizer para mim:
– Sabe, mãe, quem é criado nas casas dos outros sofre muita humilhação. Nós fomos muito humilhados, a gente não podia falar o nome da senhora, era proibido, o nome de meu pai também era proibido, ninguém falava. Todo o período de convivência que eu tive na casa da minha tia, onde eu fiquei, ninguém podia falar o nome da senhora, fazia de conta que não existia.

Eu acho que para um filho isso foi uma das maiores humilhações, não ter o direito de falar o nome do pai, o nome da mãe. Ela dizia que, nas escolas, onde foi, não tinha o direito de dizer que era filha de Elizabeth Teixeira, nem de João Pedro Teixeira.

João Pedro Filho foi criado por meu pai desde bem pequeno, e hoje faz toda a vontade da família Justino. Ele foi humilhado lá dentro da casa do velho. Eu acredito que todos os meus filhos foram humilhados. No contato que eu tinha com meu pai, eu sabia que ele não gostava dos meus filhos. Como é que um avô que gosta dos netos manda que a mãe deixe os filhos jogados e volte para a casa dele? Um avô desse não gosta!

Numa ocasião, meu pai chegou a dizer para mim:
– Não sei o prazer que você tem de ir para maternidade todo ano pra parir um filho de um negro daquele! Além de

negro, comunista, terrorista. E você não tem vergonha de dar continuidade a viver com um homem daquele? Quando chegou o momento dos meus filhos ficarem com a família, eles ficaram, mas de que jeito? Eles foram muito humilhados. A familia só não teve coragem de rejeitar a todos como rejeitaram o Carlos Teixeira.

Meus filhos sofreram muita humilhação, trocaram até os nomes deles. O nome de Maria das Neves não era esse, era Odévia. A Maria José era Maria José Altina. Eles tiraram "Altina" do nome dela porque esse é o meu nome, Elizabeth Altina. O José Eudes se chamava Lenine. A humilhação começou aí, mudando os nomes deles.

Depois que eu voltei de São Rafael, eu perguntei à minha mãe por que é que não tinham trocado o nome de João Pedro Filho? Eu não conseguia compreender...

Ela me disse que foi ela que não deixou. Mamãe disse que tinha tomado conhecimento de que, na hora que o menino nasceu, João Pedro botou o nome de João Pedro Teixeira Filho, de que ele tinha tido muitos filhos homens e nenhum com o nome dele. Quando quiseram trocar o nome do menino, ela não deixou. Ela disse que o pai dele já tinha sido morto e não ia contrariar a vontade do morto. Ela falou alto e o nome do menino não mudou.

Eu fico muito impressionada com o destino desses três homens: o pai de João Pedro, ele mesmo e João Pedro Filho...

QUEIMA! A ORDEM QUE EU TROUXE FOI PARA QUEIMAR!

A minha família não aceitava João Pedro, eles nunca aceitaram que eu tivesse escolhido casar com um homem pobre, humilde e negro. Eles não aceitavam João Pedro nem os filhos dele. Eles ficaram com as crianças por obrigação, mas eles não queriam.

Minha irmã, quando tomou conhecimento de que Abraão, antes do pai ser assassinado, ia fazer a admissão, ela disse:

– Eu não sei o que aquele negro velho está querendo, que bota aqueles neguinhos para estudar. Negro não se bota para estudar! Que adianta botar negro para estudar?

Meus filhos sofreram muita humilhação. Da família, da polícia... Quando houve o golpe, que a polícia chegou lá em casa com os tambores de gasolina para queimar tudo, se eu estivesse em casa, eles tinham tocado fogo mesmo, em tudo, com a gente lá dentro. Maria José conta que eles chegaram e reviraram tudo dentro da casa, que pegaram as crianças e fizeram uma fila, tudo chorando de medo, e que eles ficaram discutindo se queimavam ou não queimavam as crianças.

– Queima! A ordem que eu trouxe foi para queimar!

Aí um policial foi em casa de meu pai, mandar chamar um da família. Quem veio para resolver se queimava ou não queimava foi meu irmão.

Quando tudo isso aconteceu, eu estava em Pernambuco fazendo o filme, sem saber de nada do que estava acontecendo com os meus filhos, sem saber das humilhações que eles estavam passando.

Nas vezes em que eu cheguei até a casa de meu pai, João Pedro Filho estava sempre muito ocupado, sempre trabalhando. Ele nunca tinha tempo para me dar atenção. Quando eu chegava, ele só dizia: "A bênção, minha mãe" e se afastava, procurava pegar o carro e sair, dizendo que ia trabalhar. Não sei se era por causa do velho... "A única culpada é mamãe".

Há uns meses, eu sonhei com meu filho João Pedro, sentado em cima de um pau, a cabeça baixa. Quando eu ia passando, ele me disse: "Se eu tivesse sido criado pela senhora, eu nunca teria feito isso!".

Para uma mãe, isso tudo é muito duro. Eu não tive o direito de criar os meus filhos, eu não tive o direito de envelhecer ao lado do meu marido, eu vi um filho meu tirar a vida do outro. Para uma mulher que passou tudo o que eu passei, ela já não tem nem mais o direito de sorrir. Mas o ideal dentro de mim ainda é vivo, embora que o sofrimento não tenha terminado, ele não termina nunca.

Depois da morte de Zé Eudes, minha filha Nevinha disse:
— A única culpada disso é mamãe. Ela é quem estava encaminhando Zé Eudes. Mamãe é quem estava fazendo a cabeça dele, para que ele assumisse a mesma conduta dela, aquela mesma lei dela.

Aí foi que a advogada disse:
— O quê? Nevinha, que é que você está dizendo? Dona Elizabeth não tem culpa de nada. Zé Eudes era adulto, ele fundou a Associação por conta dele, por determinação dele, o

desejo de botar o nome de João Pedro Teixeira na Associação foi dele.

Eu me lembro que um dia Nevinha chegou aqui em minha casa e foi logo dizendo:
– Estão dizendo por lá que Zé Eudes é o segundo João Pedro.
– Minha filha, se ele é o segundo João Pedro, eu não sei, mas se for, não tem nada demais, porque ele é filho de João Pedro Teixeira.
– Mas se ele está lá com aquelas mesmas ideias, ele vai morrer. A senhora pode falar isso para ele, vai morrer!

Na hora em que ela recebeu a notícia, a única coisa que ela disse é que a culpa era minha, por eu não ter impedido ele de continuar com a Associação, de eu não ter impedido ele de gritar vivas a João Pedro Teixeira e a Elizabeth Teixeira.

Hoje ela é uma pessoa... assim, difícil de a gente entender. Mas também, a maneira como ela foi criada, com quem ela foi criada... Ela ficou com 11 anos. Sei lá, a convivência marca muito as pessoas.

UM PESO PARA O RESTO DA VIDA

Muitas vezes, lá em São Rafael, eu pensava: "Meu Deus, o que foi que eu fiz? Meus filhos hoje estão abandonados". Pela atitude de meu pai, de minha família, eu não acreditava que eles fossem tratar bem os meus filhos, eu sentia que eles não tratavam bem. De fato, eles se criaram, mas criaram humilhados. Isso eu sentia, isso marcava dentro de mim. Como é, meu Deus, que para enfrentar a luta uma pessoa é obrigada a deixar os filhos tudo jogado?

Eu sinto isso, até hoje, eu sinto esse peso para o resto da minha vida. Tem dias que eu choro, que eu lamento, que eu morro. Quando meus netos estão aqui, eu olho para eles e imagino tanto... Por que é, meu Deus, que eu não tive o direito de criar os meus filhos? Por que é, meu Deus, que eles tiveram que ficar abandonados, por conta de uma família que não queria nem sequer ver a cara deles? Eu até me admiro de hoje eles me aceitarem como mãe, aceitarem a minha luta.

Hoje eu estava pensando na minha convivência com João Pedro. Eu sinto muita saudade dele. Para mim, parece que ele não morreu, que no dia a dia está sempre por perto, parece até que eu estou vendo ele. Com João Pedro, eu aprendi a viver com a pobreza, eu aprendi com ele as ideias de luta. Eu saí da casa de meus pais para casar com um homem pobre, assalariado, juntos nós enfrentamos a barra do desemprego, aprendi a amanhecer o dia na minha casa e não ter o café da manhã. Eu dizia: "Tudo bem! O dia seguinte vem por aí". Tudo isso eu aprendi com João Pedro. Enquanto eu for viva, não vou me esquecer nunca de João Pedro, uma pessoa que teve tanta coisa para me ensinar, para me ajudar a viver, para me ajudar a ver que, num país capitalista como o nosso, só tem valor quem tem dinheiro, só merece consideração quem tem o poder. E eu saí desse meio, de quem só olhava o poder e o dinheiro. Eu vivi com João Pedro, aprendi muito com ele, e não estou arrependida. Não tenho arrependimento dentro de mim por ter enfrentado a mesma luta dele, por ter sido obrigada a passar 17 anos escondida, trabalhando de sol a sol para sobreviver. Eu não tenho arrependimento de ter casado com João Pedro e de ter enfrentado toda essa batalha, uma batalha que ainda não terminou, uma luta que é muito difícil para os companheiros e companheiras que estão hoje aí, dando continuidade à luta. Eu vejo que é muito difícil para eles enfrentarem essa batalha, dentro dum país capitalista como esse, com o poder dominante do latifúndio e da burguesia.

Hoje se fala muito em democracia. Mas nós não temos democracia. Democracia com o povo morrendo de fome? Com o homem do campo sem terra? Cada dia que passa, migrando mais e mais para as cidades. Se existisse democracia em nosso país, existiria terra para que o homem do campo pudesse fixar-se na terra, trabalhar, produzir, manter os seus filhos. Como se pode falar em democracia com o homem do campo sendo despejado da terra, saindo sem destino, se marginalizando nas periferias das cidades, morrendo de fome, com os filhos marginalizados? Que democracia é esta? A tendência é que a miséria vai crescer, crescer.

Naquela época, quando as Ligas iniciaram, havia um movimento muito forte, mesmo com toda a violência do latifúndio. Havia um movimento forte, uma organização muito forte no campo, uma solidariedade muito forte do trabalhador do campo com o trabalhador da cidade. Quando se fazia um ato público, não era somente o homem do campo que comparecia. Eram professores, agrônomos, engenheiros, dentistas, advogados, estudantes. Todos estavam ali, ao lado do homem do campo. Um país que não produz o que comer, não sobrevive. A terra tem que produzir. A terra não foi feita para ficar parada, para render dinheiro e poder para o latifundiário. E quem é que produz a terra? É o trabalhador do campo, é ele quem sabe plantar, quem sabe colher, quem sabe trazer a produção do campo para a cidade. Então, é muito difícil!

O recuo no campo, esse recuo muito grande que houve, no campo, foi por causa da ditadura militar. O povo ainda hoje teme aquela violência do início da ditadura. Foram eles que implantaram esse terror, esse medo. Cada liderança que se forma hoje, no campo, sabe que ela não tem como atuar, que sofre o risco de ser eliminada, e ela tem medo.

Depois que aconteceu o golpe militar, os grandes proprietários não queriam aqueles homens em suas terras, eles não queriam esses homens que eram associados às Ligas Camponesas. Milhares foram despejados da terra. Ou saíam ou morriam, como tantos e tantos foram mortos.

Depois da ditadura, o campo virou um inferno para o trabalhador. Quando o patrão não queria mais o morador nas terras dele, era só chamar a polícia para botar o morador e os cacarecos dele para fora. A polícia chegava, muitas vezes, vinha na própria caminhonete do proprietário, e junto com o administrador da propriedade, junto com o feitor, eles amarravam uma ponta da corda em volta da casa do morador e a outra na caminhonete, aí era só puxar que a casinha vinha abaixo. As casas dos moradores eram fraquinhas, feitas de taipa ou de palha e para eles não era dífícil botar abaixo. Quando a casa era só de palha, aí eles botavam fogo. O pobre do trabalhador ficava sem nada, debaixo de um pé de pau, sem ter para onde ir com a família.

Depois do golpe militar de 1964, a repressão, no campo, foi muito dura. Eles cascavilhavam as casas dos camponeses antes da carteirinha da Liga. Quem tivesse a carteira de associado na Liga era preso, era torturado, eles ameaçavam de matar o trabalhador no pau. O medo se espalhou. Quem tinha a carteira tratava logo de dar fim a ela.

Com o fim das Ligas Camponesas, com a repressão fazendo miséria com o trabalhador, com a polícia dando cobertura aos proprietários, o latifúndio não tinha mais nada a temer. Aí a expulsão do homem do campo foi em massa, o capim e a cana tomaram conta do campo e os trabalhadores não tiveram outra solução senão a de tentar sobreviver nas cidades, nas favelas ou nas pontas de ruas.

Quando eu estava em São Paulo, na casa de Ana Dias, mulher de Santo Dias, mais um companheiro morto pelo sistema capitalista, a gente se reunia com muitas companheiras da periferia da cidade. Eram todas nordestinas: Bahia, Alagoas, Pernambuco, Paraíba...

Eram nordestinos que tinham migrado para lá por conta do despejo da terra. A falta de terra para trabalhar não é somente uma injustiça muito grande, ela é a verdadeira causa da desgraça que atinge o homem do campo.

EU NÃO ME ARREPENDO DE NADA...

Apesar de tudo o que eu tive que enfrentar na minha vida, de tudo o que enfrentei e que sofri, eu acho muito difícil eu me arrepender. Eu acho que as pessoas, quando nascem, trazem um destino e se eu trouxe esse destino de sofrer todas essas amarguras, não sou eu sozinha. Há milhares e milhares de companheiros que amargam o mesmo sofrimento, existem companheiras que continuam amargando o mesmo sofrimento, a mesma dor de ver seu marido assassinado, seus filhos sem pai. Eu acho que tudo quanto sofri foi em prol de uma luta e não me arrependo não.

Às vezes, eu me sento aqui nesta cadeira e começo a refletir, assim, que só pode ter sido um destino, só pode ter sido uma coisa assim predestinada para mim.

Eu me lembro até hoje de quantas vezes João Pedro falou para mim, olhando fundo dentro dos meus olhos:

– Eu admiro você, eu admiro muito você! Com o pai e mãe que você teve, eu admiro muito sua pessoa, tão humilde, aqui do meu lado, aceitando tudo, a minha luta, aceitando toda essa situação de pobreza, sem estar discutindo o que é pobreza nem o que é riqueza, nada, você aceita tudo, eu fico muito honrado!

Mas, na verdade, quem sempre admirou João Pedro fui eu. A luta de meu pai para me tirar do lado dele foi grande. Eu, com poucos meses de casada, meu pai queria que eu deixasse João Pedro e ficasse ao lado dele. Papai queria que eu ficasse somente ao lado dele, do mesmo jeito quando eu era garota, aquela menina, aquela filha mais velha que ficava sempre ao lado dele ajudando a pesar o algodão, que ficava ali anotando o peso, que ficava ao lado dele, que tomava café com ele, de noite, quando ele chegava em casa. Parece que papai queria que toda minha vida eu ficasse ali ao lado dele, junto com ele. Papai lutou muito pela separação. Depois, quando eu já tinha meus filhos, muitos filhos, papai disse: "Deixe tudo e venha, minha filha, que não lhe faltará nada, tudo eu vou lhe dar nas suas mãos!".

Minha irmã achou muito triste essa proposta de papai. Essa minha irmã, que mora em Recife, foi a única que nunca se recusou a falar com João Pedro. Quando ela se encontrava comigo ou com ele, na cidade de Sapé, ela sempre falava com a gente, ela até perguntava se os trabalhadores ainda estavam tirando muita carteira lá na Liga.

Certa vez, ela veio até minha casa dizendo:

– Elizabeth, papai pediu que eu viesse até sua casa para trazer esta proposta. O que é que papai quer? Com um batalhão de filhos como você tem, deixar o marido e os filhos para voltar para casa dele? O que é que ele está querendo?

Papai fazia essas propostas, não era somente por causa dele, não. Ele era unido com todos os usineiros, ele pensava do mesmo jeito que os grandes latifundiários. Meu pai tinha condições de criar os meus filhos, de dar uma sobrevivência digna para todos eles para o resto da vida. Mas o quê? Se as propostas de meu pai eram essas, não dava mais para manter contato com ele. Se para ganhar tudo na vida eu tinha que dizer que João Pedro tinha sido assassinado por ladrão e não por capanga, eu preferi não ter nada na vida, eu preferi não trair João Pedro, eu preferi morrer na luta a fazer essa covardia.

E eu enfrentei, enfrentei tudo isso, enfrentei muita luta, quando João Pedro era vivo e enfrentei um sofrimento ainda maior depois que ele foi morto. Sozinha, eu enfrentei as noites ali no sítio, ao lado dos meus filhos. Enfrentei a luta do dia a dia, enfrentei a polícia que vinha na minha casa para me trazer presa, para me interrogar se eu tinha conhecimento de invasão, de armas... Enfrentei o deboche da polícia quando dizia:
– Ela não é daqui, não, a bichinha não é daqui, não, a bichinha por certo é de Cuba ou então da Rússia, ela não sabe de nada daqui do país, ela não sabe de nada, a coitadinha...

Tudo isso para me forçar a dizer que tinha conhecimento da violência dos camponeses contra os proprietários, coisa que nunca houve, porque o camponês é que é violentado pelos proprietários, pela polícia que serve de capanga para o latifúndio.

Eu enfrentei a solidão, a saudade dos meus filhos, a tristeza de não poder ter criado eles junto com João Pedro, eu enfrentei a morte, eu enfrentei o medo.

Outro dia, uns companheiros da CUT chegaram aqui na minha casa para me convidar para participar de um ato público em Sapé, em protesto ao assassinato de um companheiro chamado Zé Carlos. Eles me perguntaram se eu gostaria de ir, se eu achava que ia correr algum perigo.

Eu respondi que aceitava o convite, que na idade em que eu estou, eu até queria que um latifundiário desses, um cabra bandido desses que estão no poder, mandasse uma bala na minha cabeça.

Eu acho que nós não temos que ter medo, não! O medo que eu tenho é de ver tanta miséria, é o medo da fome e da miséria espalhada por esse Brasil, medo de ver tanta criança morrendo de fome. Tantos netos que eu tenho... Não sei qual vai ser o futuro dos meus netos, porque dos meus filhos eu já não tenho... Eu ouvi tantas vezes da boca de João Pedro que ele estava na luta para que os filhos dele tivessem dias melhores, para que os filhos dos trabalhadores tivessem melhores condições de sobrevivência, pois ele não teve o direito de estudar, criou-se analfabeto, criou-se trabalhando na enxada.

A LUTA TEM QUE CONTINUAR

A partir do momento em que fui resgatada pelo Eduardo Coutinho – eu digo resgatada porque foi isso mesmo o que aconteceu –, resgatada daquela cidade do alto sertão do Rio Grande do Norte, de São Rafael, eu fiquei pensando na minha vida, em tudo o que eu passei, e que essa vida que eu tive deixou coisas, assim, muito vivas dentro de mim. Quando eu cheguei a Manaus para o lançamento do filme *Cabra marcado para morrer*, que fui recebida com a maior recepção num dos salões do Hotel de Manaus, encontravam-se ali somente pessoas intelectuais, que me receberam assim como se eu fosse uma atriz... Eu acho que aquilo reviveu outra pessoa dentro de mim, outra vida, não sei... Eu olhava em volta e via tantas flores naquela mesa, outra mesa cheia de bebidas e comidas, uma coisa! Eu pensava: "Como é que uma pessoa como eu, uma simples mulher do campo, tão humilde, tão pobre, tão sofrida, num ambiente desses, está numa festa tão grande dessas?".

Essa mesma coisa eu senti no Rio de Janeiro, quando fui homenageada pelo grupo Tortura Nunca Mais, com a Medalha Chico Mendes, ou ainda quando eu fui homenageada na Câmara Municipal de São Paulo.

Andando pela periferia de São Paulo junto com Ana Dias, mulher de Santo Dias, eu encontrei muitos nordestinos, gente que tinha sido despejada da terra, que não tinha mais condições de sobreviver na terra e que foi obrigada a viver na periferia de São Paulo. Eu senti na carne o drama dessas pessoas. Eu também sei o que é viver uma vida de sofrimento. Hoje eu me sinto como uma pessoa... Eu acho que tudo isso, o meu passado, a minha experiência, eu acho que tudo isso me levou a um caminho, a uma situação que hoje eu sou reconhecida, dentro e fora do Brasil.

Em 1989, fui convidada por um jornalista suíço, que faz parte das Igrejas Evangélicas, para visitar o país dele e fazer uma série de palestras com os grupos de lá. Eu passei um mês na Suíça, visitando o campo, dando palestras para vários grupos evangélicos, grupos católicos, grupos de teatro, todos querendo saber da realidade do campo no Brasil. Lá também eu fui reconhecida. Chegando ao Sindicato dos Metalúrgicos lá da Suíça, uma pessoa se aproximou de mim, muito sorridente. Eu não entendia nada do que essa pessoa dizia, mas aí o tradutor falou que ele me conhecia da televisão alemã.

Dentro ou fora do Brasil, só tenho uma coisa a dizer: o que me dá mais tristeza é de ver que a situação do homem do campo não melhora, que tantas vidas já foram arrancadas à bala, que tantos companheiros e companheiras deram a vida pela luta e o que é que a gente vê? Somente a miséria, somente a dificuldade, tudo por causa da falta de terra para o trabalhador, para o homem do campo.

Cada vez que sou convidada para prestar meu depoimento sobre as lutas daquele tempo, sempre digo que a situação não mudou, acho que até piorou. Mas a luta tem que continuar, com lágrimas ou sem lágrimas, com dor ou sem dor, a luta tem que continuar, a gente tem que enfrentar. E depois que a gente está dentro da luta, não tem mais volta, a gente tem que continuar.

NUNCA HOUVE VITÓRIA SEM LUTA

Eu deixei meus filhos, tive que abandonar meus filhos, não tive o direito de criar meus filhos. Mas isso não aconteceu só comigo, não! Tantos e tantos companheiros e companheiras ficaram na mesma situação. Há momentos em que eu penso: "Ah! Eu deixei meus filhos! Eu abandonei meus filhos!". E sinto uma dor muito funda. Mas em outros momentos, reflito que, mesmo que não tivesse deixado meus filhos, talvez eu também não tivesse tido o direito de ter criado eles.

Eu estava na luta para o que desse e viesse, se não tivesse tido o golpe militar, se a luta tivesse tido uma continuidade, eu tinha sido assassinada também, do mesmo jeito que foi João Pedro, do mesmo jeito que outros companheiros foram mortos antes dele e depois dele.

Morrer! Isso é coisa que acontece na nossa vida, é a dificuldade da vida. Naquela época, eu podia ter morrido de um tiro ou de um outro problema qualquer. Por isso, a gente tem que enfrentar a luta, não tem que esmorecer não. Eu acho que a juventude de hoje tem que se entrosar numa luta para mudar esse país, mudar esses governantes que estão aí, mudar a situação de miséria que está implantada no nosso o Brasil.

Eu vejo que é preciso ter mais união. Naquele tempo, existia mais união no campo. Eu mesma, quantas carradas de macaxeira e de inhame eu recebi! Eu nem sei dizer! Era uma luta de união, de solidariedade. Hoje não existe mais essa união no campo. Mas também o campo está gasto. O camponês foi todo para as pontas de ruas, para as periferias das cidades. O pouco que restou no campo está na miséria, uma miséria ainda maior do que naquele tempo. Eu vejo que hoje o campo está muito carente de liderança. E para se ter liderança no campo é preciso de pessoas que não tenham medo de morrer. A luta é muito difícil. Se não tivesse acontecido o golpe militar, a situação do homem do campo podia ser outra. Mas o que a gente vê foi um recuo muito grande. Eles fizeram miséria, prenderam, torturaram, mataram, espalharam o medo. Hoje eu vejo o homem do campo sem esperança.

Outro dia eu estive no sindicato de Pilar e um companheiro se aproximou de mim chorando, dizendo que não tinha mais esperança de nada, que não acreditava mais que a reforma agrária ainda vai chegar um dia para o homem do campo. A única coisa que eu lhe respondi foi:

– A luta tem que continuar, companheiro. Não podemos esmorecer!

Há momentos muito difíceis na vida da gente, mas a luta tem que continuar, a luta não pode esmorecer. No momento em que eu assumi aquela responsabilidade de luta, a minha tendência era lutar unida com o homem do campo, protestando contra o assassinato de João Pedro, protestando contra o assassinato de outros companheiros que já tinham tombado antes dele. Protestando contra a violência, contra o latifúndio, contra a miséria, contra a injustiça, contra o despejo do homem da terra.

Tudo o que eu fiz foi para protestar contra o abandono, a falta de educação, a falta de saúde. Eram milhares de companheiros que morriam no campo por falta de assistência médica, as mulheres morriam de parto numa esteira em cima do chão batido. A minha tendência era essa, protestar.

A minha vontade era participar das caminhadas junto com o homem do campo, participar dos atos públicos, denunciar a escravidão e a miséria que tinham se implantado dentro do nosso país.

Não é fácil conviver com a miséria, não é fácil você chegar à casa do homem do campo e ver que ele só tem uma panela de inhame no fogo, mais nada. Ver o filho morrendo, botando verme pela boca. Ver companheiras morrendo de hemorragia, o sangue escorrendo, sem nenhuma assistência.

Para João Pedro, a prioridade da luta no combate a essa miséria era a reforma agrária. Mas o golpe acabou com tudo. O recuo que hoje está implantado no campo foi por causa da violência de 1964, foi a violência de 1964 que matou, violentou, jogou o homem da terra para fora. Pra fazer o quê? Plantar cana e capim. Então, ficou implantado esse terror, esse medo. A liderança, hoje, tem como atuar no campo, ela tem medo de morrer. E a massa recua, recua, recua com medo.

Depois que o homem do campo está na periferia, ele está marginalizado, ele não tem mais o sindicato para se defender, o trabalhador não tem nem como pagar um sindicato, ser sócio de um sindicato. Então, ele fica marginalizado, não acredita mais em nada, não acredita que, um dia, vai poder voltar para a terra. Aí vem a falta de esperança e o recuo do movimento sindical. Isso é triste, é muito triste!

Antes do golpe, o campo era cheio, os homens estavam no campo. Aquela fazenda Maraú era a coisa mais linda do mundo. Você saía da casa de um companheiro, andava um pouquinho e logo chegava à casa de outro. Ali era cheio: Fazenda Antas, Fazenda Melancia, Fazenda Sapucaia... O homem estava no campo e sentia que tinha força.

Quando se dizia assim: "Companheiros, amanhã temos que levantar a cerca de um companheiro, porque o proprietário derrubou", não precisava falar duas vezes. Chegavam 200, 300 homens. Aquela região todinha se unia. Hoje, o campo está vazio.

Depois do golpe de 1964, a minha situação foi a mais difícil possível, mas tem companheiros que já não estão nem vivos para contar a história: João Pedro Teixeira, Pedro Fazendeiro, João Alfredo, Zé Odilon, Manoel Alexandrino, João Alfredo Dias e tantos outros que perderam a vida em prol de uma luta.

A luta era por reforma agrária. Mas tantos anos se passaram, outros companheiros e companheiras continuaram sendo assassinados a mando do latifúndio e qual a situação que vemos hoje?

O campo está vazio e temos milhões de crianças abandonadas pelas ruas. Estas crianças precisam sair desse abandono, precisam estudar, precisam sobreviver dignamente, nesse país, que já foi a oitava economia do mundo. Hoje o nosso povo está morrendo de fome

Mas a luta tem que continuar. Eu não estou mais pensando em mim, que já estou velha. Eu penso é no futuro dessas crianças, dessa juventude.

Hoje a violência é um tormento. Mas por que essa violência? A juventude não tem de que se valer. O trabalhador vive numa situação que não tem emprego, não tem saúde, não tem comida, não tem educação. Essa é a violência maior.

Até hoje, não chegou um só momento de eu me arrepender, de eu pensar em abandonar a luta. O que eu mais sinto é de não poder estar no campo, de não poder estar dentro dos sindicatos que atuam no campo. Nunca houve vitória sem luta. Sabemos que temos que continuar lutando e que todas as lutas são difíceis.

Quantas vezes João Pedro chegou em casa, com o corpo coberto de manchas, de tanto apanhar da polícia... Eu o abraçava e perguntava:

– Como é, meu filho, que você apanha tanto da polícia e ainda dá continuidade a essa luta?

– Isso não vale nada! O que vale é a consciência do povo, o que vale é que a luta continua. Isso é o que vale!

Quando ele me dizia isso eu pensava: "Meu Deus! Isso é que é um homem forte. Ele não esmorece; cada dia ele é mais forte e mais atuante".

João Pedro me ensinou muito. Eu fui muito feliz ao lado dele. Ele foi a pessoa que eu amei e que me fez muito feliz.

Como mulher, eu vivi 20 anos ao lado dele. Como militante eu tive muita satisfação de dar continuidade à luta dele, de assumir a luta do homem do campo e de enfrentar o latifúndio.

Tudo o que se passou na minha vida, como mulher, como mãe, como esposa e como militante foi muito válido e eu não me arrependo de nada. A dor que eu sinto foi de não poder criar meus filhos, de não poder viver toda a vida ao lado deles, a dor da separação... Mas isso foi em consequência da luta, não fui eu quem escolheu assim.

Eu quero deixar este livro para esta juventude que está aí, para que ela tome conhecimento de um passado de luta, um passado que não é só meu, nem de João Pedro, nem do sofrimento de uma família, mas é o passado de um povo, é o passado de uma nação.

Este livro não é somente a história da minha vida, da vida de Elizabeth Teixeira, ele é a história do homem do campo, é a história do professor e da professora, é a história do jovem e da criança, é a história da luta de um povo.

POSFÁCIO

Lourdes Maria Bandeira

> *Não há paraíso nem para a memória nem*
> *para o esquecimento.*
> *Não há outra coisa a não ser o trabalho de*
> *uma ou de outro,*
> *e modos de trabalho que têm uma história.*
> *Uma história por fazer.*
>
> Marcel Detienne, 1981

A história de Elizabeth Teixeira, reconstrução de si mesma, é também um movimento entre a memória individual e coletiva no tempo, onde a palavra tomada por inteira é constituída pelo fato social e objetivada pela linguagem, ao mesmo tempo que é marcada por uma origem e logo pelo sujeito da fala.

Nesse sentido, não se pode deslocar sua história do tempo da memória, (re)construída, (re)composta pela história oral visibilizada pelos depoimentos: caminho eficaz de resgate de suas lembranças subterrâneas, bem como os de muitos outros companheiros anônimos, cujas histórias encobertas opõem-se e contrapõem-se à chamada "memória oficial corroída".

Metodologicamente, resgata-se um processo interativo que se coloca na direção da reabilitação da fala dos frágeis, da voz dos excluídos, da memória dos ausentes, da dor e do medo dos condenados, das memórias latentes, cavando fundo nas sombras, que tanto parece ameaçador quanto irresistível.

Na história de Elizabeth, a memória, jamais opressiva, está indissociavelmente ligada à práxis política. Por isso, esse monólogo proibido que a roça desde a infância – guardado, armazenado, constrangedor, causando-lhe autocensuras – emergia clandestinamente entrelaçado a dolorosas lembranças e ocupando a cena miúda e doméstica da vida cotidiana. Sua memória subterrânea impôs-se de tal forma que conseguiu invadir o espaço social e público, rompendo as lembranças e dores perturbadoras. O esquecimento foi vencido pela resistência da memória, do relato que transmite, que capta os retalhos soltos, que costura as redes, as tramas e traumas passados, dos familiares, dos amigos, dos companheiros de luta, do marido e dos filhos vivos e mortos, das dores incontidas, que rompem e dão significado ao silêncio debruçado sobre o passado. Dores do tempo e de classe e, no entanto, profundamente íntimas.

Elizabeth rompe com os anos de silêncio, de catacumbas, de subterrâneos, vividos na dor da clandestinidade, da solidão, da separação dos filhos, da ausência do marido assassinado. Ocultava-se por medo, até por culpa, no fundo de sua existência e de sua alma, renegando-se a si mesma. Rompe seus ardis. "[...] o silêncio parece se impor a todos aqueles que querem evitar culpar as vítimas e os culpados" (Pollack, 1989, p. 6).

Feridas abertas, sentimentos ambivalentes, experiência dificilmente "dizível", memória envergonhada que vem à tona e começa a tomar cores, nos matizes das lembranças que vão desenterrar e (re)testemunhar as suas vozes interiores, lembranças de si e de muitos que vivenciaram sofrimentos e perseguições. Mesmo em âmbito individual, na trilha do lembrar, a memória é indissociável da organização social da vida, na qual foi gerada e guardada. Traz uma interação, porta-se como mediadora "...entre o vivido e o aprendido, o vivido e o transmitido" (Pollack, 1989, p. 9).

Na história de vida de Elizabeth, a existência de um engajamento político possibilitou e conferiu um sentido mais profundo ao sofrimento individual. O forte desejo que nos moveu até ela e nos permitiu penetrar na capilaridade existencial que constituiu sua vida foi de muitas ordens:
- conhecer a vida da mulher, a existência feminina que existiu e existe encoberta em jogos de esconde-esconde durante muitas décadas;
- dar visibilidade dessa vida às dores, aos medos, às perdas, aos clamores sufocados e contidos, dia e noite, noite e dia, que apesar de tudo não a derrubaram, que ainda a mantêm flexível como a palmeira;
- aproximar-se da intimidade, da privacidade não devassada, mas guardada como mulher, como mãe, como companheira, como militante e como viúva.

"Tive momentos de muito medo... senti muito medo... o medo foi o meu tormento...", disse Elizabeth.

"Do que se tem medo?", pergunta Chauí (1987, p. 36). "[...] Da morte, foi sempre a resposta. E de todos os males que possam simbolizá-la, antecipá-la, recordá-la aos mortais". E continua,

> Da morte violenta... De todos os entes reais e imaginários que cremos dotados de poder de vida e de extermínio: da cólera de Deus, da manha do Diabo, da crueldade do tirano..., da adversidade..., da repressão, murmuram os pequenos, da subversão, trovejam os grandes. Da morte mandada, encomendada, a ser cumprida sem motivo e sem razão, morte absoluta de que é capaz somente o herói de fé...

"Eu tinha medo do homem humano", tanto diz Elizabeth quanto Guimarães Rosa, lembra Chauí:

> Temos medo da delação e da tortura, da traição e da censura. Da urdidura cerrada onde a violência captura a linguagem – esforço humano nosso de renúncia à violência – para enredá-la no poderio do censor, na perfídia do delator e na força nua do torturador que, paradoxo horrendo, desintegra a vítima para que delas brote uma palavra íntegra, livre, verdadeira e pura, como se ela lhe pudesse ofertar o dom fantástico que o absolveria ao fazê-la submergir no silêncio da fala traidora. Temos medo da culpa e do castigo, do perigo e da covardia, do que fizemos e do que deixamos de fazer: dos medrosos e dos sem medo... (Chauí, 1987, p. 37)

Vivendo quase 20 anos na clandestinidade, Elizabeth atormentava-se do "inominável e do horror da perda do nome próprio" (Chauí, 1987, p. 37), com a humilhação e com a resignação sem esperança, com o medo da desonra, o medo da degradação, da mutilação e do extermínio do seu corpo e do seu espírito. Isso a perseguia incessantemente, no tormento do dia e nas trevas da noite feita eterna. Assombro do corpo despedaçado, dispersado e perdido.

> Temos medo da fala mansa do inimigo, mas, muito mais, quão mais, do inesperado punhal a saltar na mão há pouco amiga para trespassar nosso aberto peito ou pelas costas nos aniquilar. E então, quem sabe, nesse medo que esteriliza os abraços, que descobrimos não termos medo disto ou daquilo, de algo ou de alguém, já nem mesmo medo da nossa própria sombra, somente medo do medonho.
> Susto, espanto, pavor. Angústia, medo metafísico sem objeto, tudo e nada lhe servindo para consumar-se até alçar-se ao ápice: medo do medo. Juntamente com o ódio, o medo, escreveu Espinosa, é a mais triste das paixões tristes, caminho de toda servidão. Quem o sentiu sabe. (Chauí, 1987, p. 39)

Medo tão medonho, agonia silenciosa que funde o desejo e cria, ele mesmo, as frestas para desenterrar a memória e chamar a fala, "assombrada durante toda a vida" (Thompson, 1992, p. 207).

> existem nas lembranças de uns e de outros, zonas de sombras, silêncios, 'não ditos'. As fronteiras desses silêncios e 'não ditos', com o esquecimento definitivo e o reprimido inconsciente não são evidentemente estanques e estão em perpétuo deslocamento. Essa tipologia de discursos, de silêncios, também de alusões e metáforas, é moldada pela angústia de não encontrar uma escuta, de ser punido por aquilo que se diz, ou, ao menos, de se expor a mal-entendidos. No plano coletivo, esses processos não são tão diferentes dos mecanismos psíquicos ressaltados por Claude Olievenstein: 'A linguagem é apenas a vigia da angústia... Mas a linguagem se condena a ser impotente porque organiza o distanciamento daquilo que não pode ser posto à distância. É aí que intervém, com todo o poder, o discurso interior, o compromisso do não dito entre aquilo que o sujeito se confessa a si mesmo e aquilo que ele pode transmitir exterior'. (Pollack, 1989, p. 8)

Assim, a memória, a fala, a história, o depoimento individual de Elizabeth representam e portam os contornos da gênese de utopias individuais e coletivas.

A história oral, o relato, o depoimento realizam-se como narrativas orientadas pela própria práxis, pela ação passada vivida, vivenciada.

A técnica escolhida como mais adequada foi o registro com gravador, pois este instrumento permitiu apanhar com mais fidelidade os monólogos da informante, às vezes, o rápido diálogo que se instalou, registrando os momentos de silêncio, as interrupções, até mesmo certos suspiros e ruídos.

O relato oral tem se constituído numa das mais significativas fontes humanas de conservação e difusão do saber, uma hermenêutica coletiva. Diz Queiroz,

Em todas as épocas, a educação humana (ao mesmo tempo formação de hábitos e transmissão de conhecimentos, ambos muito interligados) se baseava na narrativa, que encerra uma primeira transposição: a da experiência indizível que se procura traduzir em vocábulos. Um primeiro enfraquecimento ou uma primeira mutilação ocorre então, com a passagem daquilo que está obscuro para a primeira nitidez – a nitidez da palavra – rótulo classificatório colocado sobre uma ação ou uma emoção. (Queiroz, 1988, p. 16)

E continua "[...] o relato oral está, pois, na base da obtenção de toda a sorte de informações e antecede a outras técnicas de obtenção e conservação do saber; a palavra parece ter sido senão a primeira, pelo menos uma das mais antigas técnicas utilizadas para tal. Desenho e escrita lhe sucederam" (Queiroz, 1988, p. 16).

Em contrapartida, é importante considerar que "[...] desde que o processo de transmissão do saber se instala, implica imediatamente na existência de um narrador e de um ouvinte ou de um público" (Queiroz, 1988, p. 17).

Assim, a preocupação em conservar a linguagem da narradora e da narração, suas pausas, que podem ser simbolicamente transformadas em sinais operacionais, o ordenamento das ideias, os esquecimentos e a lógica da narração foram de todo garantidos.

O modo de organizar as lembranças através da memória foi espontâneo, é o índice de garantia da subjetividade. Há uma interioridade inscrita nas formas sociais de existência, húmus onde a subjetividade se alimenta e desabrocha.

Na história oral, no ato da fala, Elizabeth falou de si, de suas lembranças, de sua situação no tempo, no espaço, e das redes de relações afetivas e políticas que fiou durante toda sua vida. Portanto, história, memória e identidade são, por isso, pilares fundamentais, entre outros, para a construção das condições nas quais algo de essencial pode vir à tona para além do limite do individual, atingindo as dimensões do coletivo. Nesse sentido, Elizabeth, ao contar sua história, evoca seu pensamento, enquanto monólogo diálogo com sua própria existência e experiência a partir de suas lembranças, mas as lembranças das dores vividas, sobretudo na clandestinidade, o medo inenarrável, acompanhada apenas de um filho, longe de tudo e de todos, torna-a um emblema e um símbolo que permanece.

Feita filha do medo, parida na escuridão, rompe e se lança como dardo, feito força múltipla no espaço e no tempo.

Lourdes Maria Bandeira

Referências
CHAUÍ, Marilena. Sobre o medo. *In:* NOVAES, Adauto (org.). *Os sentidos da paixão*. São Paulo: Funarte / Companhias das Letras, 1987.
QUEIROZ, Maria Izaura Pereira. Relatos orais: do indizível ao dizível. *In:* VON SIMSON, Olga de Moraes (org.). *Experimentos com histórias de vida (Itália-Brasil)*. São Paulo: Vértice, 1988.
POLLACK, Michael. "Memória, esquecimento e silêncio". *Revista Estudos Históricos,* Rio de Janeiro, v. 2, n. 3, 1989.
THOMPSON, Paul. *A voz do passado:* história oral. São Paulo: Paz e Terra, 1992.

Este livro foi composto em fonte Adobe Garamond Pro e impresso em papel Lux Cream 70g no miolo e Ningbo 250g na capa pela gráfica Paym para a Editora Expressão Popular em comemoração ao centenário de Elizabeth Teixeira e seu legado para a luta das trabalhadoras e trabalhadores do campo e da cidade.